韜光養晦

寫好人生的腳本

王建惇 著

自己才是自己最大的敵人！

因為我們總是不斷地用各種方法迫害自己。

人生腳本是自己寫出來的，你想造就什麼樣的人生

是悲劇還是喜劇，全由你自己決定！

前　言——步向幸福的捷徑

光怪陸離的世界，給了人們太多的誘惑，在滾滾紅塵中，芸芸眾生追名逐利，喜新厭舊。對身外之物過多的關注，在物欲的橫流中沈浮，人們開始暈眩，開始迷失自己，找不到自己。在當今這個瞬息多變、日新月異的社會中，激烈的競爭影響著人們命運的榮枯沈浮。於是，我們編撰了這套書籍，引導人們登上人生輝煌的頂峰。

社會是由眾人編織而成的網路，這個網路上的每一個結，都存在利益交織。於是，我們在叢書中誠懇地向你分析如何求生存，如何謀發展，如何攀登高峰；從各個角度告訴你如何韜光養晦、臥薪嘗膽；如何進行自我修煉，累積實力；如何總體謀劃、精心佈局，為你的出征做好準備；教你如何審時度勢、清楚自己的地位、分清敵友；如何與對手針鋒相對、寸步不讓；如何規避升遷的風險，避開成功路上的地雷。並不斷地充實自己，能夠徹底認識自己的優點和弱點，進而取長補短，以哲學的高度來喚醒自我意識，尋找人生的目的、意義和價值。

總之，只要學會選擇與放棄，保持一顆健康平衡的心，透過自己勝人一籌的處世本領，幸福將聚攏到自己身邊。

寫好人生的腳本

此叢書彙集社會學、心理學、行爲學和成功學等優秀研究成果，教育人們要誠實而非虛僞，善良而非惡意，熱情而非輕浮，寬容而非妒忌，處逆境卻充滿樂觀，在人與人之間架起相互理解、信任的橋樑。並從社會實踐的視野，擴展在社會上謀求生存的藝術以及競爭的技巧，進而爲眾人們在社會上贏得善待、獲取成功提供了有效的方法。

假如您能採用此叢書中所提供的技巧，困難就會迎刃而解，使您在事業上找到成功，在經濟上找到財富，在愛情上得到美滿，在人生中找到幸福。我們眞誠地希望，此叢書能夠成爲您成就大事業的得力助手！

目錄

前言／007

第一輯　善於交往，走出交際盲點　013

不要吝嗇對別人的讚美／014
不要侵犯別人的「領土」／019
不要貿然揭開別人的面具／023
不要屈服於蠻橫之人／026
不要害怕對別人說「不」／029
不要對敵人心存報復／032
不要總是責怪他人／037
不要光踢椅子／040
不要因小事垂頭喪氣／046
沒有白吃的午餐／051
不輕易許下諾言／053

第二輯　眞正友誼毋需猶疑　057

不疏遠落魄的朋友／058
好朋友不要有「糊塗帳」／061
朋友間不要有金錢借貸關係／064
不要把苦惱投於他人身上／066
不要窺視朋友的隱私／069
勿結交勢利「朋友」／072
順勢求人莫心急／075
朋友之間不要太親密／079
好哥兒們別共事／083
莫管他人閒事／085
避免跟人發生正面衝突／087

第三輯　解開心靈枷鎖，戰勝自我　089
不要爲小事煩惱／090
無謂的爭論都是浪費精力／095
別悲觀地接受不滿意的東西／098
放眼未來，切忌畏首畏尾／102
解除貪婪的枷鎖／106
不要搬石頭砸自己的腳／111
別做沒有應變能力的「毛毛蟲」／115
切忌涉足太多的領域／119
拖拖拉拉是人性中最大的弱點／123
小不忍則亂大謀／126
處事不要太認眞／130

第四輯　從失敗中走向成功　135
活著絕不是爲了賺錢／136
與人分享你的財富／140
瀟灑對待金錢就能延長生命／145
幽默是自我保健的「心理按摩」／149
失敗了也要昂首挺胸／154
屢敗屢戰，敗中求勝／156
戰勝疾病，讓今天活得更有價值／158
學會放棄，才能獲得更好的生活／160
牢記每一次教訓，永不再犯／166
讀書使人生更完美／170
生命的腳本靠自己去寫／173

走他人的成功之路／176
堅持不懈才能得到最大成功／180

第五輯　好習慣，好運到　183

切忌讓壞習慣纏身／184
不要整天問別人對你的看法／188
別老是悶悶不樂／192
不要眉毛鬍子一把抓／196
不擋別人的財路／201
不要坐享其成／204
當斷不斷，反受其亂／208
別讓失望左右你的生活／211

第一輯

CHAPTER 1

善於交往，走出交際盲點

一個人有沒有社交能力，直接決定著他在社會生活中能不能成功，社交能力就是在社會生活領域裡，作好人際交往關係的能力。人際交往就是兩個或兩個以上的人之間，交流思想，交換意見，表達情感、需求、態度，傳遞知識與資訊的過程。能夠運用最恰當的方式、技巧來處理各種各樣的人際矛盾，就是社交能力強的表現。

不要吝嗇對別人的讚美

衷心的讚美，事實上是最有效的教導與驅動。

我曾讀過一則足以影響終生的故事。

有一個五歲的女孩，在教堂的表演中首次登臺演唱。她有著優美的歌聲，她的天份從一開始便展露無遺。當她長大時，她的家人瞭解她需要專業聲樂訓練，就請了一個很有名的聲樂教師來訓練她。他是一個十分苛求完美的教師。不論何時，只要這女孩一想到放棄或節奏稍微不對，他都會很細心地指正。經過一段時間以後，她對教師的崇拜日益加深。即使年齡差距很大，而且他的嚴格遠勝於鼓勵，但她最後還是嫁給了他。

他在婚後繼續教她，但是她的朋友發現，她那優美自然的腔調已有了變化，帶著緊繃、硬幫幫的音質，不再是以前那種清爽的聲調了。漸漸地，邀請她去演唱的機會越來越少。最後，幾乎沒有人再邀請她了，而這時她的先生卻過世了。

以後幾年她很少演唱，她的才能很少被利用，直到又有一位推銷員開始追求她為止。有時候，當她正在哼著小調，他會驚歎歌聲的美妙。「再唱一首，親愛的。妳有全世界最美的歌喉。」他總是這樣說。事實上，他可能並不知道她唱得是好是壞，但是他確實非常喜歡她的歌聲，所以他一直對她大加讚揚，她的自信心開始恢復了，她又開始前往各地演唱，稍後，她嫁給了這位「啓發者」，又重新開始了成功的歌唱生涯。

有人說恭維不過是幾句話的空氣而已，但是我認為，那位推銷員對她的稱讚出於誠摯、眞心。衷心的恭維是最有效的教導與驅動。恭維似乎把空氣放得太多了，但是就像我們用來灌滿汽車輪胎的空氣一般，能為我們解決人生高速公路中的一些疑難問題。

一位紐約商人不經意地把一枚一元硬幣丟進小販一個筆筒裡，然後匆忙地踏進地鐵。他想了一下後覺得不對，又跨出地鐵，走回小販那裡，從筆筒裡取走幾枝鉛筆。他抱歉地解釋說，他在匆忙中忘記取走鉛筆，希望小販不要太介意。「畢竟，」他說，「你跟我都是商人。你有東西要賣，而且上面也有標價。」說完後他趕下一班車走了。

幾個月後，在某一社交場合，一位穿著整齊的業務員走向這個商人，並自我介紹：「你可能已經忘記我了，而我也不知道你的名字，但是我永遠忘不了你。你就是那個重新給了我自尊的人。我一直是一個賣鉛筆的小販，直到你跑回來找我，並告訴我『我是一位商人』為止。」

一個人內在的才能到底有多少，答案著實令人驚訝。**成功的第一步是知道自己的潛能，第二步是知道其他人的潛能**。幸運的是，當我們認可自己的能力時，就容易認可其他人的能力。一旦我們明瞭這一點，就能幫助他們瞭解了。

幾年前，羅伯特博士在哈佛大學主持了一系列有趣的實驗，實驗對象是三群學生與三群老鼠。他對第一群學生說：「你們很幸運，你們將和天才小白鼠在一起。這些小白鼠相當聰明，牠們會到達迷宮的終點，並且吃許多乳酪，所以要多買一些餵牠們。」

他告訴第二群學生說：「你們的小白鼠只是普通的小白鼠，不太聰明。牠們最後還是會到達迷宮的終點，並且吃一些乳酪，但是不要對牠們期望太大，牠們的能力與智慧只是普通而已。」

他又告訴第三群學生說：「這些小白鼠是真正的笨蛋。如果牠們能找到迷宮的終點，那眞是意外。他們的表現一定會很差，我想你們甚至不必買乳酪，只要在迷宮終點畫上乳酪就行了。」

往後的六個星期，學生們都在精確的情況下從事實驗。天才小白鼠眞的就像天才一樣，在短期間內很快就到達了迷宮的終點。

而「普通小白鼠」那裡又得到什麼結果呢？牠們也會到達終點，但是在這種過程中並沒有寫下任何速度紀錄。至於那些愚蠢的白鼠更不用說了，只有一隻最後找到迷宮的終點，可以說是一個明顯的意外。

有趣的是，根本沒有所謂的天才小白鼠和愚蠢小白鼠之分，牠們都是從同一窩小白鼠中來的。這些小白鼠的成績之所以不同，是參加實驗的學生態度不同而產生的直接結果。學生們並不知道小白鼠的語言，但是小白鼠感覺得到學生的態度，而態度就是普通的語言。

這個有關小白鼠的實驗，已經擴展到當地的一個小學。

有人告訴一位教師：「你很幸運，你跟天才兒童在一起。這些學生非常聰明。你的問題還沒說完，他們就會給你答案。然而，你要小心，他們可能聰明得想要愚弄你。他們有些人想偷懶，希望你少出作業，不要聽他們的。他們都會把作業趕出來。你只要把作業交給他們就行了。如果你給他們信心以及一些日常的愛和訓練，這些小孩就能解決最困難的問題。」

有人告訴第二位教師：「你教的是普通的孩子。他們既不太聰明也不太愚蠢，只有一般的智商，所以我們預期只有普通的效果。」

在該學年結束時，天才學生個個都比普通學生領先很多。但縱然不是天才，你也能猜出這個故事的結局。事實上，根本沒有天才學生，所有學生都是普通學生。唯一不同的就是教師的態度。教師認爲普通學生是天才，所以就把他們當成天才，而他們也做得眞的像天才一樣。

最重要的問題是，你的孩子是否在五分鐘內變得更聰明一些呢？在你們公司中，銷售人員的情形又如何呢？在幾分鐘內，你的員工或同事是否變得比較有生產力、比較聰明、比較有能力呢？如果這些事情並未發生的話，我建議你翻到前幾頁，重新再讀一遍，因爲你漏看了重點。

詩人能以優美的辭彙，將這種情形表示出來。他說：「如果你認爲某一個人就像他現在這樣，你就是使他變得比過去更差。如果你把他當成是最好的人，那麼他就會變成最好的人。」如果你在閱讀這些文字時，你的孩子突然變得更聰明；如果丈夫或太太已有進步，我不禁要說：恭喜你，你是那個獲得進步的人。

不要侵犯別人的「領土」

「相互尊重主權和領土完整」是「和平共處」的基礎，國際關係中如此，人際關係中也是如此。

每個人都有屬於自己的「領土」，只不過當它以無形的方式表現出來的時候，就常常容易被忽略，而這也恰恰是最容易出問題的時候。

所有的動物都有領土意識，大至獅子、老虎，小至老鼠、昆蟲，無不如此。我們豢養的寵物也是這樣，像狗，牠們在住處四周撒尿，就是在劃領土，警告別的狗別越界闖進，若哪隻狗闖了進來，便上前趕走。

「領土意識」基本上就是自衛意識，同樣地，人的表現雖不像動物那樣直接明瞭，但自衛意識同樣強烈，只不過在方式上有所不同。如果不注意這一點，就很容易自討沒趣，甚至遭到迎頭痛擊。人最基本的領土意識就是家庭，誰若未經同意闖入，輕者遭責備，重者恐怕要遭一頓追打。不過，會犯這種錯誤的人不多，倒是很多人在辦公室裡忽略了這一點。像是未經同意就坐在同事的桌子或椅子上，坐在主管的房間裡，到別的部門聊天等等。

你不要以爲這沒什麼，或是有「我又沒什麼壞念頭」的想法，事實上，你的舉動已經侵犯到別人的領土，對方是會感到不快的。這不快不會立即表現出來，也不會像狗或蜜蜂那樣，把你「驅逐出境」，但這不快會藏在心底，對你有了壞印象，甚至懷疑你到底有什麼企圖？或是來刺探什麼……，你不能怪別人這麼想，因爲有這種想法是非常自然的，換成是你也會如此！所以，別人工作的地方，非必要時，不要隨便靠近。

還有一些「領土」是抽象的，但同樣不可侵犯。比如工作的職權範圍，要時刻牢記「不在其位，不謀其政」的古訓，因爲無論多麼開放的職場，界線永遠存在。你不要越線去做「幫助」別人的事，也許你是出於一片好心，問題是對方是不是領你的情。**許多時候，你的「熱心」往往在別人看來是「別有用心」，這豈不是得不償失。**

有句俗話說：「狗拿耗子，多管閒事。」按理說，誰能「拿耗子」對主人來說都是一樣的，但對貓來說，問題就不這麼簡單了。

貓有理由認爲拿耗子是他份內的事，不用狗來管，狗去看好門就是盡責了，其實，這裡的「領土範圍」之爭有一個明顯的顧慮，如果主人有一隻既會看門又會抓耗子的狗，他還要貓做什麼，狗的好心被視爲「搶飯碗」。

而且，幫助別人做事往往會使被幫助的人接受這樣一種暗示：「你自己的事都做不好，你很無能，我比你強。」這種暗示讓人覺得多麼不舒服就可想而知了。

特別要強調的是，如果你還是某個部門的主管，那就更要注意。

有時，你的部門一時人手緊張忙不過來，此時切不可利用你的職位，不透過其他部門的主管，就隨意調用該部門的人員。對該部門主管而言，你是沒把他放在眼裡；對被調用人員而言，心中也充滿不平，「你算哪根葱？憑什麼管我？」這些通常不會顯露在臉上，你又沒有自覺到，傻乎乎地以爲人家都很願意幫你似的。然而實質上，你已經「侵犯」別人的「領土範圍」了。

還有一種情況，是過於依賴個人的關係，而忽略應該保持的距離，這也是一種「領土」侵犯行爲。

比如，你與打字室的某人關係不錯，因此你便直來直往，把一些要打字的文件直接塞到打字員的手中，全然忽略了打字室的主管。這是最容易得罪人的一種行爲，這無異於是對其「領土」的「公然踐踏」，雖然忙的都是公事，卻不小心結下了「私怨」。

應切記：你所代表的是一個部門而不僅僅是個人，你的行爲往往被人們認爲是部門行爲，所以更要小心謹慎。這種領土意識看起來很無聊，但卻是存在的，如果你不注意而侵犯了別人的領土，是會惹出你想也想不到的麻煩的。

所以，「相互尊重主權和領土完整」是「和平共處」的基礎，國際政治中如此，人際關係中也是如此。

不要貿然揭開別人的面具

想要真正揭開一個人的面具，並不是一件很容易的事。在經過較長一段時間的觀察、瞭解後，才能逐漸認清楚他的本來面目。

從人性的深層分析，不難發現，人人幾乎都有兩副面具。有時候，有些人爲了某種目的，總是用一副面具掩飾著另一副面具生活著。

想要眞正揭開一個人的面具，並不是一件很容易的事。在經過較長一段時間的觀察、瞭解後，才能逐漸認清楚他的本來面目。這些人最大的特點在於，把「自我」放在中心位置，一切以自己的利益爲中心。

(1)只做自己的事，不願做工作以外的任何事。

(2)喜歡看別人犯錯。

(3)斤斤計較。買東西或飯後結帳，和人胡攪蠻纏。

(4)困難或危險時，以種種藉口把別人往前推，自己找理由朝後退。

(5)有好處或評選先進時，不斷講述自己的成績，以引起上司的注意。

眞面目。

(6)喜歡表現自己。只要上司在眼前，工作特別賣力，上司轉身走，手腳馬上停。自私的人無論平日裝扮成什麼模樣，只要在利益面前都會原形畢露，暴露出自己的

某房地產公司的賈先生，就是一個道道地地戴著面具過日子的人。

賈先生是公司裡的業務員，和同事、尤其年輕同事在一起時，常常發表自己的一套理論：「人生一世，總得有一些追求。追求是抽象的，也是具體的。具體的就是要千方百計做好自己的工作，在工作中實現自己的價值。還有，年輕人不可太重視名利。要懂得『名利皆浮雲』，腳踏實地的做事才眞正有意義。」年輕的員工聽了賈先生的一番話，不由得對他肅然起敬。

新來的小程聽了賈先生的幾次談話後，從此對賈先生十分尊敬。

後來，一件偶然的事，使小程徹底改變了對他的看法。

小程去財務室領工資和獎金，進門後發現賈先生和出納好像爲了錢的事爭執著。賈先生走後，出納一邊拿筆讓小程在工資單上簽字，一邊自語道：「那麼大個人了，每次領工資都爲獎金多少和別人比較，眞是的。」

經過多次觀察，小程發現賈先生在辦公室工作經常是說得多、做得少。有時還把本

來該自己做的事，請別人替他做，可是，如果請他幫忙一下，卻總是一口回絕。

認清了賈先生的眞面目後，小程並沒有與他針鋒相對，也沒有到處張揚賈先生的眞實面目，他知道，**揭開別人的面具，於己沒有任何好處，只不過多了一個敵人。**

留心觀察，一旦發現了他人的眞實面目後，應該立即增強防範意識、採取必要的對策，把可能帶給自己的危險降低。

不要屈服於蠻橫之人

只有真正的領袖才是值得服從的，因為他具有豐富的經驗、超越的智慧，他不會利用他官銜的權威，來強迫你服從不必服從的事。

有這樣一種人，放肆而專橫。他們總是像總經理一樣，到處施展其權威，他發表意見並不是要幫助人，而是要駕馭你。

據說托爾斯泰教學生打獵時，先叫他們如何駕馭馬。如果馬走斜而不肯回來，便把韁繩向著牠所偏的那邊拉，讓馬兒轉個圈回到正面來，所以那匹馬始終都不知道究竟是自己斜著行，還是騎馬者拉著牠往那邊走。當你能使馬朝向所想要走的方向行進，你便是他的主人了。

這點對於騎馬者是一種很好的指導，因爲騎馬者總不免是想做一個專橫者。但是千萬別使自己變成像故事中所說，讓人牽著鼻子走的馬。

如果有人指導你，奉獻自己的意見給你，或者是對你發號命令，其唯一的目的就是叫你屈服於他的權威之下，那麼，你便要當心這種人。

只有眞正的領袖才是值得服從的，因爲他具有豐富的經驗、超越的智慧，他不會利用他官銜的權威，來強迫你服從不必服從的事。上司的本領必須是使人尊敬的，他的指導是一種受益，他的命令使人樂於服從。這種上司既希望你接受他的指導，但同時也希望你自己能有相當的獨立性。

一個眞正的上司，並不希望他的屬下個個如機器人一般，不能思考。有位將軍對於其手下的人，不僅希望他們能服從命令，而且要他們同時能負責任，接受指導。他還免職了一個太馴服的軍官。

「爲什麼把我免職呢？你的命令我都服從了。」

「但是你的工作還應當做得更好一點。」這是將軍的答覆。

由此可見，將軍察看他手下的軍官，不僅是看他們能否服從，也看他們的思想夠不夠靈活。他要每個士兵覺得自己是全隊中有思想且負責任的一分子。如果他有建設性的意見，隨時都可提出。因此，其手下的許多軍官總是把他們的計畫提出來與大眾談論。

服從一個有才幹的領袖是一件很適意的事，但恐怕久而久之你便漸漸懶得獨立思考了，所以千萬要避免這種太馴服的危險。但是，也不可對於無關重要的小事太頑固，要循中庸之道而行，不但努力成爲一個思想獨立之人，對於那些比你能幹、聰明的人的意見，也要樂於接受。

切忌獨斷專行。要知道有些人比你懂得更多，只要你打開耳朵用心傾聽，便可以從別人的經驗中得到好處。

不可養成依賴別人的習慣。從他們的經驗裡學習，斟酌他們的意見，但是你要明白，接受或拒絕別人的意見，全權操縱在自己手中。對任何特殊問題，都要去請教這方面最有研究的人。對於各項專門問題，應該請教專家，不要奢望有人能對各種問題都能全盤知曉。不要專門去找那些只會依你的喜好而提出意見的人。對於指導者，一方面要考慮他的才能，一方面要想到他的動機。

凡是以專橫爲目的的人，便不可去請教他。如果你要服從，就要服從值得你去服從、值得你去拜他爲師的人。

不要覺得依賴別人很舒服就因此服從，不可摒棄你獨立思想的權利。

不要害怕對別人說「不」

生活中，人們常常被別人的種種「要求」所糾纏。記住：你是有權利說「不」的，無論你選擇以何種方式說出它，對方都應該尊重你的選擇。

「忙死了！」是多數人嘴上常掛著的一句話。有時候自己正忙，別人卻正好想與你長聊，這時，則有「時間花得冤枉」的焦急。

生活中，人們常常被別人的種種「要求」所糾纏。記住：你是有權利說「不」的，無論你選擇以何種方式說出它，對方都應該尊重你的選擇。

這裡有個例子可以和大家分享。

爲了躲避朋友傑克，希爾與妻子有家歸不得，不得不躲進了旅館。

希爾和傑克的友誼是公司所有人都知道的，傑克是個重友情的人，一開始，他們經常下班後一起去吃晚飯，順便談一些輕鬆的話題，後來傑克的妻子離開了他，傑克像所有離婚的男子一樣，有點喪失理智，藉酒澆愁，每天下班就纏著希爾去酒吧，希爾的妻子爲此常常抱怨他。

而更可怕的是，在希爾故意推掉聚會後，傑克追到了他家，他沒完沒了地向希爾傾吐他的想法。

這樣一直持續了四個月，希爾和妻子的忍受力像加壓的玻璃瓶，馬上就會爆炸，於是希爾開始對傑克的談話置之不理，但這不能阻止他的糾纏，甚至他還抱怨說，不管怎麼樣，希望希爾不要屏棄他。

希爾和妻子只好先住進旅館，等到傑克恢復正常再說，其實，希爾心裡十分清楚，傑克根本就沒有什麼不正常。只是希望他們的友情勝過一切，但他從來就沒有注意到希爾妻子氣憤的眼睛。

有很多人遇過這種情況，朋友的熱情讓你害怕甚至感到恐懼。朋友之間各自的家庭、工作和其他社會環境都不盡相同。作爲朋友，如果以自我爲中心，強求朋友經常與你廝守，勢必會給他人帶來困難。

生活中，我們經常會遇到「想拒絕，但不知怎麼說」的情況。學會拒絕是一種藝術，比如當有朋友邀請你參加某項活動時，你可以用平和的語氣回絕：「我確實很想參加這次的活動，但是，我今天還有很多事情必須做，恐怕不能接受你們的好意。」回絕時可著重強調時間上的不適宜，給對方留一個台階，這樣可避免傷害別人的感情。

有時候，很難當場做出「是」或「不」的回答，這時你可以這樣說：「我還需要一些時間來考慮。」等自己想出拒絕的理由後，再給對方一個答覆。

有些「臉皮薄」的人，之所以害怕對別人說「不」，首先是因爲缺乏堅定的自信，總認爲自己不如別人。別人彷彿對自己擁有無可爭辯的優勢或特權，自己總覺得不應該、也沒有力量去拒絕別人，也不知道怎樣維護自己的權益。

其次，「臉皮薄」的人在自己的想像中，過低地估計了別人對遭受拒絕的承受力，認爲別人都會把被拒絕看成是對個人的否定，並會因此而感到惱怒，反過來又會責難、冷淡或報復自己。只要一想到要對別人說「不」，就立即感覺到強烈的擔心、緊張、煩躁與不安，好像有錯的不是別人，而是自己，有一種奇特的「問心有愧」的感覺。

在這種情緒下，個人難以表達眞實的想法，大多數人寧願忍氣吞聲、委曲求全，也不願承受內心的煎熬。其實這種想法是完全錯誤的，要知道時間是你自己的，你沒有必要犧牲自己、成全別人。

我們通常說時間是「花」掉的，錢也是「花」掉的。一寸光陰一寸金，時間與金錢同值。**沒錢的人花不起錢，沒閒的人花不起時間，不要把自己的大好時光，浪費在別人的瑣事上了**，勇敢地拒絕那些企圖占用你寶貴時間的人吧，這是你的權利。

不要對敵人心存報復

當我們對敵人心懷仇恨時，就是付出比對方更大的力量來壓倒自己，憎恨傷不了對方一根汗毛，卻把自己的日子弄成了煉獄。

幾年前的一個晚上，我遊覽黃石公園，並與其他觀光客一起坐在露天座位上，面對茂密的森林，我們期待看到森林殺手——灰熊的出現，希望看到牠走到森林旅館丟出的垃圾中去翻找食物。

騎在馬上的森林管理員告訴我們，灰熊在美國西部幾乎是所向無敵，大概只有美洲野牛及阿拉斯加熊例外。但我卻發現有一隻動物，而且只有一隻，牠會隨著灰熊走出森林，灰熊還得容忍牠在旁邊分一杯羹，牠是一隻很臭的鼬鼠。灰熊當然知道只需一掌就能把牠毀掉，那牠爲什麼不去做呢？因爲經驗告訴牠：划不來。

我也發現了這一點。我在農場上長大，曾在圍籬旁捉到一隻臭鼬。到了紐約，也在街上碰過幾個「兩條腿的臭鼬」，痛苦的經驗告訴我：兩種都不值得碰。

當我們對敵人心懷仇恨時，就是付出比對方更大的力量來壓倒自己，給他機會控制

我們的睡眠、胃口、血壓、健康，甚至我們的心情。如果我們的敵人知道他帶給我們多大的煩惱，他一定高興死了！憎恨傷不了對方一根汗毛，卻會把自己的日子弄成了煉獄。

猜猜看下面這句話是誰說的：

如果有個自私的人占了你的便宜，就把他從朋友名單上除名，但千萬不要想去報復。一旦你心存報復，對自己的傷害絕對比對別人的要大得多。

這話聽起來像是哪位理想主義者說的。其實不然，這段話曾出現在紐約警察局的布告欄上。

報復怎麼會傷害自己呢？有好幾種方式，比方說，報復可能毀了你的健康；像是高血壓患者最主要的個性特徵是仇恨，長期的憤恨造成慢性高血壓，引起心臟疾病。

耶穌說：「愛你的敵人。」祂可不只是在傳道，祂宣揚的也是本世紀的醫術。當耶穌說：「原諒他們七十七次。」祂是在告訴我們如何避免罹患高血壓、心臟病、胃潰瘍以及過敏性疾病。

當耶穌說「愛你的敵人」時，他也是在告訴我們如何改善自己的容貌。一些人的容貌因仇恨憤懣而布滿皺紋或變形，再好的整形外科也挽救不了，效果可能還遠不及因寬恕、溫柔、愛意所形成的容貌。

況且，仇恨使我們連美食當前也食不知味。《聖經》上是這麼說的：「**充滿愛意的粗茶淡飯，勝過仇恨的山珍海味。**」

如果我們的仇人知道他能消耗我們的精力，使我們神經疲勞、容貌醜化，搞得我們心臟發病、提早歸西，他難道不會拍手偷笑嗎？

即使我們沒辦法愛我們的敵人，起碼也應該多愛自己一點。我們不應該讓敵人控制我們的心情、健康以及容貌。莎士比亞說過：「仇恨的怒火，將燒傷你自己。」

舉例來說，來自瑞典的羅納先生，幾年來他在維也納從事律師工作，一直到第二次世界大戰才回到瑞典。他身無分文，急需找到一份工作。他能說寫好幾種語言，所以他想找個進出口公司擔任文書工作。大多數公司都回信說目前不需要這種服務，其中有一個人卻回信給羅納說：「你實在很愚蠢。我一點都不需要文書人員，而且即使我眞的需要，我也不會僱用你，你連瑞典文字都寫不好，你的信錯誤百出。」

羅納收到這封信時，氣得暴跳如雷。這個瑞典人居然敢說他不懂瑞典話！他的回信才是錯誤百出呢！於是羅納寫了一封足夠氣死對方的信，可是，他停下來想了一下，對自己說：「等等，我怎麼知道他不對呢？我學過瑞典文，但它並非我的母語。也許我犯了錯我自己都不知道。眞是這樣的話，我應該再加強學習，才能找到工作。這個人可能還幫了我一個忙，雖然他的表達十分糟糕，倒也不能抵消我欠他的人情。我決定寫一封信感謝他。」

羅納把原來寫好的信揉掉，另外寫了一封：「你根本不需要文書人員，還不厭其煩地回信給我，眞是太好了。我寫那封信是因爲我查詢時，別人告訴我你是這一行的領袖。我不知道我的信犯了文法上的錯誤，我很抱歉並覺得慚愧。我會再努力學好瑞典文，減少錯誤。我要謝謝你幫助我成長。」

幾天後，羅納又收到回信，對方請他去辦公室見面。羅納如約前往，並得到了工作。

我們可能不能神聖到去愛敵人，但為了我們自己的健康與快樂，最好能原諒並忘記他們，這樣才是明智之舉。

有人訪問艾森豪威爾將軍的兒子，他父親是否曾懷恨任何人。他回答：「沒有，我父親從不浪費一分鐘，去想那些他不喜歡的人。」

有一句老話說：「不能生氣的人是傻瓜，不會生氣的人才是智者。」

棍棒石頭可以打斷我的骨頭，但語言休想動我分毫。

寫好人生的腳本

要想眞正寬恕並忘卻敵人，最有效的辦法還是訴諸比自己強大的力量。因爲我們可以忘記一切的事，當然，侮辱也顯得無足輕重了。

不要總是責怪他人

聽別人數落我們的錯誤很難，但假如對方謙卑地自稱他們也並非完美，我們就比較容易接受了。

三年前，卡內基的侄女喬瑟芬到紐約來擔任他的祕書。她當時只有十九歲，高中畢業，沒有什麼做事的經驗。如今，她已是一位十分幹練的祕書了。在剛開始的時候，她十分敏感脆弱。有次卡內基準備指責她，卻又馬上對自己說：「等一下，你幾乎有喬瑟芬兩倍的年紀，做事經驗更是多出好幾倍，怎麼可以要求她能有你的看法、判斷和主動自發的精神——何況你自己也並不挺出色？還有，你在十九歲的時候是什麼德行？」

一想到這裡，卡內基不得不如實地下個結論：喬瑟芬比他十九歲時要好得多，而慚愧的是——他竟然沒有稱讚過她。

於是，一遇到喬瑟芬犯錯時，卡內基總是這樣說：「喬瑟芬，妳犯下了一項錯誤。但是，老天知道，我以前也常常如此。判斷力並非與生俱來，那全得靠自己的經驗，何況我在妳這個年紀的時候還比不上妳呢！我實在沒有資格批評妳，但是，依我的經驗，假如妳這麼做的話，不是好些嗎？」

聽別人數落我們的錯誤很難，但假如對方謙卑地自稱他們也並非完美，我們就比較容易接受了。

加拿大有位工程師發現祕書常常把口述的信件拼錯字，幾乎每一頁總要錯上兩、三個字。那麼他是如何讓祕書改正這一錯誤的呢？

他對祕書說：「就像許多工程師一樣，別人並不以為我的英文或拼寫有多強。我有個保持了好幾年的習慣，就是常常隨身帶著一本小筆記簿，上面記下了常拼錯的字。我現在對拼寫十分注意，因為別人常常以此來評判我們，而且拼錯字也顯得我們不夠內行。」

工程師不知道後來她有沒有採用此方法。但很顯然地，自那次談話之後，她就很少再拼錯字了。

承認一個人本身的錯誤，就算你還沒有改正過來，也可以幫助改善行為。

下面是克萊倫斯講述的故事。

他發現十五歲的兒子偷學抽菸——「我當然不願意大衛抽菸，」克萊倫斯說道，「但是他的媽媽和我都抽菸，我們給孩子作了不好的榜樣。我向大衛解釋，自己如何也在年輕的時候開始抽菸，如何爲菸癮所害，到現在已經是無法戒除了。我提醒他，我常咳嗽得很厲害，如果他抽上個幾年，情形也會跟我一樣。」

他沒有勸兒子不抽，或是警告他抽菸的危險。只是指出自己如何染上菸癮，然後受到如何的影響。

大衛想了一陣子，決定在高中畢業前暫不抽菸。好幾年過去了，大衛一直沒有再抽菸，也沒有想抽菸的意思。

那次談話之後，克萊倫斯也決定戒菸，由於家人的支援和幫忙，他終於成功了。

不要光踢椅子

一個人邁向成熟的第一步，應該是勇於承擔責任。我們生活於世，就要面對生命中的許多責任，絕不可在受難或跌倒的時候，像孩子一樣去踢椅子出氣。

有一天，我正在學步的小女兒想將一把小椅子搬到廚房裡去，因為她想站上去拿冰箱裡的東西。我一看到這幕情景，急忙衝過去，但還是沒來得及防止她從椅子上摔下來。當我扶起她，看她摔傷沒有時，只見小女兒朝那張結結實實的椅子狠狠地踢了一腳，並且還十分生氣地罵道：「就是你這壞傢伙，害得我摔倒了！」

如果你留心一下幼兒的生活，一定會聽到或見到更多類似的故事。對孩子們來說，他們的這種行為是極其自然的。他們喜歡責怪那些沒有生命的東西，或是毫不相干的人物，似乎這樣就可以減輕自己跌倒的痛苦。他們的這種表現當然是正常的。

但是，假如這種反應行為模式和習慣，一直持續到成人期，那可就麻煩了。自古以來，人們就有一種諉過於人的壞習慣。偷吃了禁果的亞當，就是把過錯全都推諉於夏娃身上：「就是她引誘我，我便吃了。」

一個人邁向成熟的第一步，應該是勇於承擔責任。我們生活於世，就要面對生命中的許多責任，絕不可在受難或跌倒的時候，像孩子一樣去踢椅子出氣。

爲什麼有如此眾多的人，喜歡諉過於人呢？細想一下也不奇怪，因爲責怪別人比自己擔負起責任肯定要容易得多。想想自己是否經常喜歡責怪父母、老闆、師長、丈夫、妻子或兒女，我們甚至喜歡責怪祖先、政府以及整個社會，甚至責怪自己不應該來到人世。

對那些不成熟的人來說，他們永遠都可以找到一些理由——當然是外在環境的理由——以解脫他們自身的某些缺點或不幸。比如，他們的童年極爲窮困、父母過於貧苦或過於富有、教導方式過於嚴格或過於鬆懈、沒有受過教育或健康情況惡劣等等。

也有人埋怨另一半不瞭解自己，或是命運與自己作對——你有時不禁要感到奇怪：爲什麼這整個世界要一致起來欺負這些人呢？對這些人來說，他們從沒想到要去克服困難，而是先去找一隻代罪羔羊。

我還記得，我的一名學員有一天下課之後跑來找我。那天，我們的課程是訓練學員記憶別人的姓名。我記得那位學員這麼說道：「我希望你不要指望我能記住別人的姓名，這正好是我的弱點。我一向記不住別人的名字。」

「爲什麼呢?」我問道。

「這是我們家的遺傳。」她回答道，「我們家族的記憶力一向都不好，所以，我也不期望在這方面有什麼改善。」

「小姐，」我誠懇地說道：「妳的問題不在遺傳，而是一種惰性。因爲妳認爲，責怪家族的遺傳要比努力提高自己的記憶力要容易得多。請妳坐下，我來證明給妳看。」

我幫助她做了幾個簡單的記憶訓練。由於她十分專心，因此效果良好。當然，要她改變原有的觀念需要一些時間，由於她願意接受我的建議，終於克服了困難，記憶力大有改善。

如今的爲人父母者，除了記憶力衰退之外，還有各種大小事情會遭受兒女的抱怨，範圍從掉頭髮到日常生活的許多挫折等等。

舉例來說，我認識一名年輕女子，她常常抱怨母親如何影響她的一生。原來這個女孩還很小的時候，父親因病去世，守寡的母親只得外出工作以維持生計，並教育年幼的女兒。

由於這位母親能幹又肯努力，因此後來成爲極有成就的女實業家。她細心照護女兒，讓女兒受最好的教育，但結果卻並不如人意。她的女兒把母親的成功視為自己最大的障礙！

這名可憐的女孩宣稱：自己的童年完全被毀了，因為她隨時處在一種「與母親競爭」的生活狀況裡。

她的母親迷惑不解地說道：「我實在不瞭解這孩子。這麼多年來，我一直努力工作，為的就是想給她一個比我更好的機會，創造更好的條件。但實際上，我只是給她增添了一種壓力。」

奇怪的是，像喬治．華盛頓，他雖然沒有高貴出身或功績顯赫的父母，但他一樣能改變歷史，成為舉世聞名的人物；亞伯拉罕．林肯，他幼年的物質條件極為匱乏，一切須靠辛勤工作，這也沒有對他產生什麼不良影響。而且林肯也沒有想著去責怪他人。他曾在一八六四年做過這樣的陳述：「我對美國人民、基督教世界、歷史，還有上帝最後的審判——均負有責任。」

這可說是人類史上最勇敢的宣言。除非我們也能在其他人面前，以同樣的勇氣承擔下自己的責任，否則我們就還不算成熟。

最簡單、也是目前最流行的一種逃避責任的方法，就是去找一位心理醫生，然後躺到他的診療椅上，花一整天時間談論我們的種種問題，以及爲什麼我們會變成目前這個模樣的原因。這也是極奢侈的一種現代高級享受。

假如有人告訴你，你的一切缺點均來自幼年時期不正常的待遇——如過度占有欲的母親，或過度專制的父親——假如這樣的說法能讓你覺得舒服，並且又付得起的話，我倒不反對你就這樣一輩子依靠心理醫生的支援。

一位醫師曾寫過一篇極精彩的論文〈幼兒精神病學〉。文中提到目前日益增多的「心理密醫」，是如何把大家寵壞了。這位醫師指出，許多向心理醫生求助的人，通常喜歡爲自己的弱點及與世俗格格不入的行爲，找出一個心理學上的藉口。這樣他們就似乎得到了某種精神上的安慰。當心理學一直爲那些不能面對成人世界的人尋找推託之辭的時候，更有許多人繼續把他們的諸多困難，歸咎於外在的各種因素。

在較早時期，星相學是人們熱衷的對象。「我的生辰八字不好」或「沒有一顆幸運的行星護佑我」，這些都是十六世紀時，人們對許多困難或不幸最常做的解釋。

但是，莎士比亞在《凱撒大帝》一劇當中，卻讓羅馬名將凱撒說出如下的話：「親愛的布魯塔斯，這過錯並非由於我們所屬的星辰，而是我們有一種聽命的習慣。」

假如你相信《聖經》中對耶穌事蹟的描述，你便會明白耶穌最引人注意的品質之一，便是他擇善固執、毫不妥協的性格。當有人找他幫忙或醫病的時候，他不會浪費時間去細查對方的潛意識，或去找出何人或何事可以爲此人目前的困境負責任。

耶穌的態度很顯然是表示：把人的生活改造得更美好才重要，而不是整日沉溺在自憐的深淵。

前不久，我和朋友一起參觀畫展。那位朋友時常自詡對現代藝術的知識十分豐富。我當時看到一幅畫，作風十分草率，便無意中說出自己的感覺。我對那位朋友說：「我家裡有個三歲小孩，搞不好可以畫得比這更好。假如這是藝術，我便是米開朗基羅了。」

朋友回答道：「你對人類精神的痛苦難道沒有絲毫感覺嗎？這位藝術家所要表現的，正是遠古時代人類所受的壓力與迷惑。」

不錯，就連一位畫得不知所云的藝術家，也可以把自己的無能歸罪於遠古時代！

但有一件事是確定的。假如遠古時代能對人類帶來任何希望或滿足，而不是破壞或死亡的話，則我們需要的是堅強、成熟的個人，即那些能夠而且願意爲自己行爲承擔責任的人。

不要因小事垂頭喪氣

我們通常能很勇敢地面對生活裡的危機，可是，卻常常被那些小事情搞得垂頭喪氣。

我們通常能很勇敢地面對生活裡那些大的危機，可是，卻會被那些小事情搞得垂頭喪氣。

「小事」如果發生在夫妻間的生活裡，也會把人逼瘋，還會造成「世界上半數的傷心事」。

這話也是權威人士說的，如芝加哥的約瑟夫法官，在仲裁過四萬多件不愉快的婚姻案件之後，說道：**「婚姻生活之所以不美滿，最基本的原因通常都是一些小事情。」**

紐約郡的地方檢察官弗蘭克也說：「我們處理的刑事案件裡，有一半以上都起因於一些很小的事情：在酒吧裡逞英雄、爲一些小事情爭吵、講話侮辱別人、措辭不當、行爲粗魯——就是這些小事情，結果引起傷害和謀殺。很少有人眞正天性殘忍，一些犯了大錯的人，都是因自尊心受到小小的損害、一些小小的屈辱、虛榮心不能滿足，結果造成了悲劇。」

有一次，我們到一個朋友家裡吃飯。分菜的時候，他有些小事情沒有做對。我當時並沒有注意到，即使我注意到，我也不會在乎的。可是他太太看見了，馬上當著我們的面跳起來指責他，她大聲叫道：「看看你在搞什麼！難道你就永遠也學不會怎麼樣分菜嗎？」然後她對我們說：「他老是犯錯，簡直就不肯用心。」

也許，我的朋友確實沒有好好地做，可是我實在佩服他能夠跟他太太相處二十年之久。坦白地說，我情願只吃一、兩根抹上芥末的熱狗，而不願一面聽她嘮叨，一面吃北京烤鴨和魚翅。

在碰到那件事情之後不久，我和妻子請了幾位朋友到家裡來吃晚飯。就在他們快來的時候，我妻子發現有三條餐巾和桌布的顏色不大相配。

「我衝到廚房裡，」她後來告訴我說，「結果發現另外三條餐巾送去洗了。客人已經到了門口，沒有時間再換，我急得差點哭了出來，我只想到：『為什麼發生這麼愚蠢的錯誤，來影響我的整個晚上？』然後我想到——為什麼要讓它使我不高興呢？我走進餐廳去吃晚飯，決心好好地享受一下。我果然做到了。我情願讓朋友們認為我是一個比較懶散的家庭主婦，也不要讓他們認為我是一個神經兮兮、脾氣不好的女人。而且，據我所知，根本沒有人注意到餐巾的問題。」

有一則大家都知道的法律名言：「法律不會去管那些小事情。」人們也不該爲這些小事憂慮，如果他希望求得心理上的平靜的話。

大多數時間裡，要想克服因爲一些小事情所引起的困擾，只要把自己的看法和重點轉移一下就可以了——讓你有一個新的、能使你開心一點的看法。

以前我寫作的時候，常常被公寓熱水器的響聲吵得快發瘋。蒸氣會砰然作響，然後又是一陣刺耳的聲音——而我會坐在書桌前氣得直叫。

有一次，我和幾個朋友一起出去露營，當我聽到木柴燒得很響時，我突然想到：這些聲音多麼像熱水器的響聲，爲什麼我會喜歡這個聲音，而討厭那個聲音呢？

回到家以後，我對自己說：「火堆裡木頭的爆裂聲，是一種很好聽的聲音，熱水器的聲音也差不多，我該埋頭大睡，不去理會這些噪音。」結果，我果然做到了。

很多其他的小憂慮也是一樣，我們不喜歡一些事情，結果弄得整個人很頹喪，只不過因爲我們都誇張了那些小事的重要性。

十九世紀英國的首相狄斯雷利曾說過：「生命太短促了，不能再只顧小事。」

我們活在這個世上只有短短的幾十年，我們卻浪費了很多不能再補回來的時間，去爲一些一年之內就會被所有人忘記的小事發愁。讓我們把自己的時間、生活，只用於值得做的行動和感覺上，去想一些偉大的思想，去經歷眞正的感情，去做必須做的事情。因爲生命太短促了，不該再顧及那些小事。

就像英國作家拉迪亞德．吉卜林這樣有名的人，有時候也會忘了「生命是如此短促，不能再顧及小事」。他和小舅子打了一場佛蒙特有史以來最有名的一場官司——這場官司打得有聲有色，後來被寫成一本書記載下來。故事的經過是這樣的：

吉卜林娶了一個佛蒙特本地的女孩凱洛琳，他們在佛蒙特的布拉特伯勒建造了一間很漂亮的房子，在那裡定居下來，準備度過他的餘生。他的小舅子成了吉卜林最好的朋友，他們兩個一起工作，一起娛樂。

然後，吉卜林從小舅子手裡買了一些地，事先協定好小舅子可以每一季在那塊地上割草。有一天，小舅子發現吉卜林在那片草地上建了一個花園，他生起氣來，暴跳如雷，吉卜林也反唇相譏，弄得佛蒙特綠山上的天都變黑了。

幾天之後，吉卜林騎著車出去兜風的時候，他的小舅子突然駕著一部馬車從路的那邊轉了過來，逼得吉卜林從車上跌了下來。而吉卜林——這位曾經寫過「眾人皆醉，你應獨醒」的人卻也昏了頭，告到法庭，把小舅子抓了起來。接下來是一場很熱鬧的官司，所有記者都擠到這個小鎮上來，新聞傳遍了全世界。

這次爭吵，使得吉卜林和妻子永遠離開了他們在美國的家，這一切的憂慮和爭吵，只不過爲了一件很小的小事。

下面是哈里·愛默生博士所說過的故事中，一個很有意思、有關森林裡的巨人在戰爭中怎樣獲勝和失敗的故事。

在科羅拉多州朗峰山坡上，躺著一棵大樹的殘軀。自然學家說，它曾經有四百多年的歷史。初發芽的時候，哥倫布才剛在美洲登陸。第一批移民到美國來的時候，它才長了一半大。在它漫長的生命裡，曾經被閃電擊中過十四次；四百年來，無數的狂風暴雨侵襲過它，它都能戰勝。但在最後，一小隊甲蟲攻擊這棵樹，卻使它倒在了地上。

那些甲蟲從根部往裡面咬，雖然牠們很小，但持續不斷地攻擊，漸漸損傷了樹的元氣。這樣一個森林裡的巨人，歲月不曾使它枯萎，閃電不曾將它擊倒，狂風暴雨沒有傷著它，卻因爲一小隊可以用大拇指跟食指就可以捏死的小甲蟲，終於倒了下來。

我們豈不都像森林中的那棵身經百戰的大樹嗎？我們也經歷過生命中無數狂風暴雨和閃電的打擊，但都撐過來了。可是有些人卻讓自己的心，被憂慮的小甲蟲咬噬——那些用大拇指和食指就可以捏死的小甲蟲。

沒有白吃的午餐

不管你的目標是什麼，你一定要付出相當的代價，才能達到這個目標。你要什麼都可以，只是你必須付出代價，沒有任何東西是可以不勞而獲的。

「你要什麼便拿什麼，只是你要付出相當的代價！」

第一次我聽到這句嚴厲的西班牙格言，不禁想像冥冥中似乎有一個天使，手裡握著一把燃著熊熊火焰的寶劍。可是經過再三深思，我才體驗到天使手裡握的不是一把寶劍，而是一個天平。在天平的一邊，你喜歡放什麼就放什麼。

天使說：你要成爲名人嗎？好吧！那麼除了睡覺以外，你得把其他時間都放在名譽的追逐上。只要你肯花時間、肯犧牲，你自然會聲譽日盛。

你要財富嗎？那好吧！你就每天只想著錢，研究如何賺錢，把你的一部分生命投注下去。天平的那一邊就會堆滿黃金，只是你要以其他東西作爲代價。

如果你要智慧，那也可以，只是天使要求的代價會更高。你必須過良善的生活、追求知識，並喜愛眞理，永不妥協。

每樣東西都有一個價格。這個觀念，在日常生活中是我們所熟悉的。就像我們走進一家超級市場，推著手推車往前走，隨手把一罐番茄醬、一塊乳酪、一個麵包、一條臘肉、一包通心粉放在車上，在出口處，店員會核算一下，這許多東西共值多少錢，然後用一個紙袋裝起來，待我們付了錢以後，便可帶回家去當成晚餐。

生命的天平也是如此。我們把心裡的欲望放在天平的一邊，另一邊就是所付代價的砝碼。等到天平兩邊平衡時，你便可以把要買的東西取走。有時候代價似乎很高昂，可是你必須記住：不管你的目標是什麼，你一定要付相當的代價，才能達到這一目標。原則很簡單，也很公正——你要什麼都可以，只是你必須付出代價，沒有任何東西是可以不勞而獲的。

不輕易許下諾言

在對待別人時，千萬別輕易許諾，許了諾，就一定得遵守，別人會為你的態度所打動，他們認為你是一個講信譽的人，會因此而信賴你，你在生活中便會戰無不勝、攻無不克。

答應幫別人辦事，首先看自己能不能辦到，這是人人都明白的道理。可是，就有一些人不自量力，對朋友請求幫助的事情一概承擔下來，事情辦好了什麼事也沒有，如果辦不好或只說不做，那就是不守信用，朋友就會埋怨你。

聽說有一位先生總是誇口對別人說，當火車票售罄後，他依然能買到火車票，結果有很多朋友、同事請他幫忙買火車票，他是有求必應，答應了別人，但自己確實沒門路，只好半夜三更去排隊買票，結果請他買票的人越來越多，他把自己逼上了死胡同，有時還自己貼錢買黃牛票，搞得自己狼狽不堪。

這就是沒有考慮自己的能力而輕易地答應幫忙，票買來了，大家認爲你眞了不起；買不來，別人就會認爲你既能替別人買到，爲什麼不幫我買，是不是看不起我？於是關係漸漸疏遠了，反而失去了信譽，又得罪了人，何苦呢？

當然，對於那些舉手之勞的事情，還是答應朋友去辦，但答應之後，無論如何也要去辦好，不可今天答應了，明天就忘了。

我們在這裡強調不要輕率地對朋友許諾，並不是一概不許諾，而是要三思而後行。盡量別說「這事沒問題，包在我身上」之類的話，給自己留一點餘地。**順口的承諾，只是一條會勒緊自己脖子的繩索。**

信守諾言是人的美德。但是有些人在生活或生意上，經常不負責地許下各種諾言而很少能遵守，結果毫無必要地給別人留下惡劣的印象。如果你說過要做某件事情，就必須辦到；如果辦不到，覺得得不償失，或不願意去辦，就不要答應別人，你可以找任何藉口來推辭，但絕不要說：「沒問題！」如果，你說試試看而又沒有做到，那麼你給對方留下的印象就是：你曾經試過，結果失敗了。

你的信用能給予別人良好的印象，是否信守自己的諾言？是否輕易地允諾？是否值得他人委以重任？還是你總是忘掉別人委託之事？當別人向你打聽事情時，你轉達了多少次錯誤資訊？你是否多次提供不實的資料？

所以，在對待別人時，千萬別輕易許諾，許了諾，便一定遵守，別人會爲你的態度所打動，他們認爲你是一個講信譽的人，會因此而信賴你，你在生活中便會戰無不勝、攻無不克。

第二輯

CHAPTER 2

真正友誼毋需猶疑

從人生的角度來看，人們不可能一帆風順，挫折、打擊是難免的。當人們落難的時候，不僅自己倒楣，而且也是對周圍人們，特別是對朋友的考驗。

不疏遠落魄的朋友

對待落魄者的態度，不僅是對人際關係的考驗，也是建立真正友誼的契機。

世事滄桑，複雜多變，起起伏伏，實難預料。昨天的權貴，今天可能成了平民；巨富大款，一夜之間也可能一貧如洗……，這種現象並不罕見。不管是主觀原因還是客觀因素，對於落魄者來說，從天上掉到地下，其痛苦心情可以想像。在這種際遇地位劇烈變化的情況下，不少人自慚形穢，覺得沒臉見人，也有的人更加自尊、敏感，對他人的態度往往異常關注。

從人生的角度來看，人們不可能一帆風順，挫折、打擊是難免的。當人們落難的時候，不僅自己倒楣，而且也是對周圍的人們，特別是對朋友的考驗。遠離而去的朋友可能從此成爲路人，伸出援手幫助其度過難關的，他可能記住一輩子。所謂莫逆之交、患難朋友，往往就是在困難時候出現的。這時形成的友誼是最有價值、最令人珍視的。

對待落魄者的態度，不僅是對人際關係的考驗，也是建立眞正友誼的契機。落魄者的情況十分複雜，不能一概而論，需要根據不同情況處之，但是有一些共通的原則是應該遵循的：

一、看重友誼，繼續交往

當他人落魄時，不要嫌棄他們，要懷著眞誠的同情心交往。此時與他們交往，要有正確的態度，不應表示憐憫，使他們看到在最困難的時候有朋友在身邊，有助於克服悲觀，振奮起來。

二、區別情況，具體幫助

對於落魄者最重要的是從感情上安慰他們，幫助他們從打擊中走出來，這是最大的幫助。對於在情緒上的失意，則要開導他們。一般說來，落魄者會遇到很多生活上的困難，一時難以克服，應該盡可能給予幫助，使他們度過難關。

三、交往有度，分寸適當

在與落魄者的交往時，還要注意自己的態度和言行的分寸。比如，和他交談不要用教訓人的口氣，應該用平等、坦誠的態度，表現出對對方的尊重，他在心理上是容易接受的。再者，不要輕易地觸及他的「傷口」，太過談及他們已經無可挽回的錯誤，會刺激他們的自尊。同時，落魄者對於自己問題的認識往往比較固執，不可能馬上提高，所以，開導工作應有足夠的耐心，要給他們思考沉澱的過程，不要因他們一時想不通，就說人家無可救藥，這樣無助於他們改正錯誤，也不利於發展彼此的關係。

好朋友不要有「糊塗帳」

友誼的無私與朋友間的算帳並不矛盾，因為算帳是維護友誼的必要方法。

有人問，眞正的友誼不是無私的嗎？爲什麼朋友之間還要明算帳呢？

其實，友誼的無私與朋友間的算帳並不矛盾，因爲算帳是維護友誼的必要手段。不管人們的關係多麼密切，哪怕是同胞兄弟、姊妹，一旦獨立交往，各自就有相對獨立的利益來進行交流，也就是情感與情感的交流、情感與物質的交換及物質和物質的交換。

但是，彼此的交換交流的付出，應該是相對均等的。如果長期出現過分不公，那麼友誼就可能受到影響。簡而言之，相對均等則友誼興，過分失衡則友誼衰。這樣看來，爲尋求交往的相對均衡，「算帳」就成爲必要的了。

一、區別情況，學會「算帳」

友誼與算帳包括不同內容和演算法：

(1)親友之間合夥做生意時，要認眞算帳，不能馬虎。因爲這時的金錢往來是以盈利爲目的，而友誼只是一種合作的形式，絕不能以友誼代替算帳，否則就可能因財物糾紛而破壞友誼。

(2)借用與支援親友財物時，也應算帳。爲幫助親友解難而借給錢物，一般說是要歸還的，同樣馬虎不得。

(3)財物的饋贈與捐贈。這是一種特殊的財物往來形式，它通常以表達心意爲宗旨，是以「物」的形式出現的交換。對這種往來則需要作大概計算。

由於交往中財物與友誼糾纏在一起，進而使「算帳」變得複雜起來。從實際情況看，友誼對財物往來的不平衡，有一定的承受能力，但是，如果財物往來超過了友誼所能承受的極限程度時，友誼就難以包容，矛盾就會到來。

二、把握時機，適時「算帳」

俗話說：「人要長交，帳要短算」。一般說來，爲友誼而算帳，以「短算」爲宜。在一段時間內，比如幾個月、半年，把彼此往來情形清點一番。如果拖得太久，「欠帳」(包括人情帳)太多，影響到關係時才察覺，那就不好了。

實際上，「短算」是「長交」的手段。從這個意義上說，「短算」是爲了「長交」，沒有「短算」就難以「長交」，兩者相輔相成，也算是保障友誼的方法。

話說回來，說短算也不必「日清月結」。如果算得太勤，親友之間沾不得一點便宜，吃不得一點虧，斤斤計較，那就又走到另一個極端，同樣有損於友誼。

三、肯於虧己，友好「算帳」

我們必須十分清楚，算帳只是方法，其目的是爲了友誼。眞正的友誼是金錢買不來的。贏得友誼的眞諦在於「奉獻」、「付出」，並不是尋找「等價交換」。甚至可以說，友誼遵循的恰恰是一種虧己式的「傾斜」，即爲友人多做貢獻，而不希望對方回報。

這種有意向他人傾斜的心理，是換取眞正友誼的內在動力，人們的心意、友情雖然本身無價，但在交往中，它又會成爲具有特殊價値的砝碼。當人們把情誼投入交往過程時，它就變得「價値連城」，同樣可以對物質投入起到平衡作用。

因此，爲了友誼而算帳，尋求的是大致均衡，不是絕對均衡。如果追求絕對對等，那麼友誼又會被商品等價交換所取代，這同樣會破壞彼此的友誼。只有把握好財物交往與友誼交往的關係，才算是學會了「算帳」。

總之，**友好「算帳」應把握這樣的尺度：該清楚時當清楚，該糊塗時當糊塗，這樣才能贏得持久的友誼。**

朋友間不要有金錢借貸關係

作為朋友，當對方遇到困難，幫他一把是理所當然的，但是關於金錢這方面，最好還是好好考慮為妙。

有三件事經常會使友誼中斷：第一件是向別人說朋友的壞話，第二件是娶了朋友的戀人，第三件是向朋友借錢不還。

作爲朋友，當對方遇上困難，幫他一把是理所當然的，但是關於金錢這方面，最好還是好好考慮爲妙。爲什麼呢？人們常常是爲了金錢而使關係改變的。作爲借錢的本人，儘管想向對方道歉，但是當籌措資金後而還不了款，萬一成了連帶擔保人，討債的人就會追究擔保人的責任。

假如把錢貸給朋友時，就要想這筆錢是送給他的，要不回來了。如果朋友多貸一些錢的話，就要問清理由。

還有，向朋友借錢的時候要注意，當你還不了錢的時候，肯定會影響長期以來的交往。即使借到了錢，哪怕只是小額，也要嚴格遵守期限和約定的日期，並盡快還款。如果可能，寫份合約書或備忘錄互相拿著，就更受用了。

不要把苦惱投於他人身上

假使我們碰到苦惱的事情，就讓我們自己承擔起來，不要將陰影投在旁人身上。假使我們面臨危險，也應讓我們自己擔當起來。

有一個關於埃及王的宰相約瑟和他兩個哥哥的故事。

起初，那兩個哥哥因爲妒忌他，所以打算把他殺死。後來他們把他賣到埃及去做奴隸，結果約瑟卻做了埃及王的宰相。

就在這時候，約瑟的家鄉鬧饑荒，所以約瑟的哥哥不得不到埃及來找食糧。埃及境內有尼羅河，所以兩旁的山谷適於耕種、年年豐收。那兩個哥哥到了埃及宮中，卻不知道眼前的宰相是自己的弟弟。約瑟還認得自己的哥哥，可是他不敢認他們，只能私底下心痛，並掉下了悲憫的眼淚。

他把手足之愛與愁悶都隱藏了起來。直到後來，他把一切都安排好，並試探過他們，才說出自己的身分，弟兄們都喜極而泣。

在我們身邊那些帶著爽朗笑臉的人們後面，眞不知隱藏著多少悲痛！多少愁苦！他們有時是爲了自尊心，有時則是爲了其他種種原因，會把心頭的創傷和苦惱一股腦兒摒棄。

每間屋裡都有一個可憐蟲，在躲避人們喜歡窺視的眼睛。我們常常不敢高聲談笑，以免被人聽到。許多人默默承受著創傷所帶來的痛苦，眞教人爲之心碎！

美國總統林肯在美國南北分裂、戰禍慘烈的時候，就常常靠講笑話度日，以免傷心過度。他說：「我迫不得已，只好跪在造物主面前，因爲我不知道還有什麼別的路可走。」在他常常說的笑話背後，確實隱藏著深深的悲愁。

荷蘭貴族奧蘭琪的先祖威廉去世時，有人發現在他的胸前有一只黃金小盒，盒內鎖著一綹青髮，這是他愛妻的頭髮，她死去已有多年。人們正是從他這小小的行徑中，看出這位先生是怎樣的一個人，他心中隱藏的愛情與悲愁，是何等的深遠。

幾年前，我搭船橫渡大西洋，在船上讀過一篇小說，這篇小說的題目我已記不清楚，可是它最後的場面卻仍深印我心。小說講述一個出身望族的少女，不幸家道中落，最後她擔當起一切，搭車到倫敦維多利亞車站去。當她付過車費後，身上的錢只夠買一杯茶。可是她下車後，仍巍巍然昂首向前走去，彷彿自己是女王一般。

一個人的血統、英勇和優雅的風度，都能表現出他的修養。有些人遇到挫折，嘴巴裡便嘀嘀咕咕吵個不停，終而沉淪；有些人卻能抬起頭來，好好面對。後面這種人是以寧靜、忍耐、無比的英勇來迎接苦難的。

他們的英勇氣概，對我們影響極大。記得有個醫生對一位病人的太太說，她的先生得了癌症。醫生說話時的態度很溫和，但這句話直刺她的心坎。可是我看到她精神振作，十分冷靜地面對著這沉重的打擊。雖然醫生的話使她爲之一怔，心爲之憔悴，但是她仍以無比的勇氣來面對眼前的一切。她從自己心中找到力量，即使她碰到人生最壞的遭遇，也仍能承受得住。這一場面是何等堅定達觀！

每天，我都會看見許多人背著沉重的負擔、遭遇著悲愁、忍受著艱難困苦、面臨無盡的挫折。我對他們所表現出的英勇沉著，有著說不出的驚訝與敬畏。

因此，假使我們碰到苦惱事，就讓我們自己承擔起來，不要將陰影投在旁人身上。假使我們面臨危險，也應讓我們自己擔當起來。相反地，假使我們找到了快樂，則要彼此分享，不要獨自將它囤積起來，因爲分享快樂，可以使快樂倍增。

不論碰到什麼挫折，我們都要盡我們的能力，作最好的表現，盡量從旁人身上找出優點。要知道：「這一切都要成爲過去」，因而須摒除暴戾之氣，在我們心中保留一點忠厚仁慈，也培養一點力量，準備去幫助那些需要幫助的人們。

不要窺視朋友的隱私

朋友的心裡面存有隱私是非常合理的事情，我們要給予尊重，讓朋友保留祕密。侵入朋友隱私世界的結果，只會為自己和他人帶來不利。

羅曼．羅蘭說：「每個人的心底，都有一座埋葬記憶的小島，永不向人打開。」馬克．吐溫也說過：「每個人像一輪明月，他呈現光明的一面，但另有黑暗的一面，從來不給別人看到。」

這座埋葬記憶的小島和月亮上黑暗的一面，就是隱私世界。有的人在交朋友時，隨便侵入朋友的隱私地帶。他們認爲，朋友之間應該推心置腹、坦誠相見，所以就不存在什麼隱私。抱有這種觀點並侵入朋友隱私世界的人，是不可能交到朋友的，而且還會傷害到別人。不錯，朋友之間是應該坦誠相見、推心置腹，但在隱私問題上，這一道理是行不通的。如果要交朋友，就不要侵入朋友的隱私世界。

在隱私世界中，一般總是有些令人不快、痛苦、羞恨的事情，比如戀愛的失敗、夫妻的糾紛、事業的不順、生活的挫折、成長中的過失、感情上的糾葛……；隱私不對他人造成威脅，不給社會帶來危害。你的朋友不論對你如何親密無間、不分你我，都有權利把隱私埋葬起來。你尊重朋友，就要避免打聽朋友的隱私。這不是冷漠，而是善解人意的體驗。

知道了朋友的隱私，對朋友、對自己只有壞處，沒有好處，只會爲朋友增加了心理負擔，爲自己增加了保密的責任感。有的人就喜歡打聽別人的隱私，津津樂道，以此爲快，這是不健康的心態，這是品行端正、情操高尚的人所不齒和不爲的。

有的人喜歡翻朋友的抽屜、亂拆朋友的信件、擅自翻閱朋友的日記，自詡親密待人，不分你我。這樣做不但惹人生厭，而且暴露了不良品行，降低了人格。

此外，朋友不成熟的構思設想、未完成的論文或報告，也不要隨便打聽、洩露，以免破壞情緒、干擾思維，影響朋友的工作。

如果你知道朋友的隱私，最好把它從記憶中抹掉，至少也要把好嘴巴這道關口，守口如瓶，不讓其洩露出來，要注意避免談論朋友的隱私。撕開朋友痊癒的傷疤，暴露朋友隱匿的祕密，只能使朋友尷尬、不快，飽嘗痛苦和羞恨。對朋友的隱私更不可到處宣揚，或以此作爲要挾，否則簡直是小人伎倆了。到這個地步，友誼的影子已茫然無存，有的只是敵意了。

朋友的心裡面存有隱私是非常正常的事情，我們要給予尊重，讓朋友保留一片私密的天空。好奇之心、希望知道朋友的隱私之情，也是在所難免的。但是，我們要懂得克制。侵入朋友隱私世界的結果，只會爲自己和他人帶來不利。

勿結交勢利「朋友」

勢利的人最難成為同舟共濟的依靠，與他們交朋友，尤其與他們一起共事時，他會讓你感覺很難捉摸，沒有任何規律可依。

友誼，是一個充滿著人情味的字眼，眞正的友誼會使金錢在它面前暗淡，它是沒有一點銅臭味的。因爲，友誼總是比錢財高尚。所謂的貪財者，卻把錢財看得比友誼更重，他們不懂得「友誼」的眞正涵義，他們之所以要交朋友，也是爲了錢財。

有這樣一個故事：有兩個人入山尋寶，滿載而歸。過河時河水暴漲，其中一人見勢不妙，把身上帶的金子扔在河中，自己逃命而歸；另一人則怕水沖走金子，把袋子緊緊抱在懷裡，結果因爲行動不便，被洪水沖走了。

從此例我們可以發現，貪財者視財如命，爲了得到錢財，不惜丟掉生命，命都不珍惜的人，很難說會珍惜友誼和朋友。一旦朋友成爲他獲得錢財的障礙，或者說朋友可以用來換錢財，這種錢財的奴隸會對朋友不屑一顧的，即使是交往多年的朋友也不例外。

所以，我們一旦碰到貪財者，最好繞道而行，設法讓自己不去靠近他，也不要讓他靠近你。

不義之徒把友誼看得非常淡，他對朋友總是懷著功利的眼光去打量。一旦發現有利可圖，就立即把友誼、朋友等字眼拋向一邊、置之不理，想盡一切辦法去獲取「利」，這種人愛用花言巧語誘騙人。與不義之徒交朋友，不但會讓你吃大虧，而且又得不到眞正的朋友。

諸葛亮有一則名言：「勢利之交，難以經遠。」這句話是很有道理的。「勢利眼」者兩眼只向權勢、利益看，並以權勢、利益作爲自己的交友準則。他們最善於也最喜歡趨炎附勢。不管你發達也好，還是你有權勢也好，總之，只要在你身上他們感到有利可圖、有勢可攀，他們就趕緊跑到你身邊圍著你團團轉，討好你。一旦罩在你身上的權勢光環消失了，他們便不勸自退，轉向其他有權有勢的人了。

勢利的人最難成爲同舟共濟的依靠，與他們交朋友，尤其與他們一起共事時，他會讓你感覺很難捉摸，沒有任何規律可依。本來你們共同制定好了計畫，決定在哪些時間完成哪些事情，而由於他的「漂浮不定」，使計畫十有八九不能實現。「漂移性」過強的人像一股亂颳的風，一會兒颳到你身邊，一會兒又颳到別處，與這種人怎能深交呢？

漂浮不定的人有這樣的特點：他今天來找你，急切地與你合夥做買賣，明天又去找別人，把你丟在一邊；今天說某人領導作風正派，明天又指責他營私舞弊；今天跟你斬釘截鐵地說他要離職，要你跟他一塊兒走，可是等你遞出辭呈之後，他又向主管表示一定會在這兒安心工作。他做這些事情不是想欺騙你，而是觀點和行爲經常變化，「此一時也，彼一時也」。

我們在結交朋友時一定要知道選擇，尤其是想交到眞正的朋友時，更應該將圈子縮小一些。魯迅講過：「人生得一知己，足矣。」我們不要無所選擇地，將人人都變成知己！

順勢求人莫心急

做到平心靜氣是處世態度的一種境界、一種氣度和一種修養。這種修養一旦形成，對求人辦事具有重大的作用，也是順勢求人最基本的要求。

在生活中，求人辦事是難免的，但如果只單憑自己的力量而不順應時勢、借助外人，往往難以成功。這會導致焦躁的心理，因爲眾人在不耐煩時，往往容易變得粗魯無禮、固執己見，使人感覺難以相處。這種行爲是有害無益的，俗話說：「心急吃不了熱豆腐。」當一個人失去耐心的時候，同時也失去了明智的頭腦去分析事情。

春秋戰國時代，秦國大舉興兵圍攻趙國的都城邯鄲，趙公子平原君多次寫信給魏王及魏公子信陵君，請求魏國援救。魏王派將軍晉鄙帶領十萬大軍援救趙國，但又懾於秦國的威脅，便讓晉鄙把軍隊駐紮在鄴地，名義上是援救趙國，實際上是玩兩面手法，觀望著形勢的變化。

平原君向魏國派出使者催促出兵救援，但魏國仍按兵不動，平原君一氣之下又給信陵君寫了一封信，譴責信陵君見死不救。因爲信陵君的姐姐是平原君的夫人，所以平原君責備信陵君說：「公子即使看不起我，要讓我投降秦國，難道也不同情公子的姐姐嗎？」

信陵君接到這封信感到非常憂慮，但無論他採取什麼辦法遊說，都無法說服魏王。信陵君此時真像熱鍋上的螞蟻一樣昏了頭，他把自己手下的賓客集中起來，湊集了百餘輛車馬，想奔赴趙國，與平原君一同戰死。

臨行時經過夷門，見到了信陵君最器重的賓客——侯嬴，侯嬴聽了信陵君的慷慨陳詞後，非但不加鼓勵，反而冷淡地說：「公子您自勉吧，老臣不能隨您一同去了。」

信陵君心中很不是滋味，心想自己對侯嬴的待遇可算得上周到了，如今自己將要去送死，他居然連一言半句送行的話都沒有。信陵君越想越氣，又駕車返回去找侯嬴。

信陵君回來的時候，侯嬴正站在門口等他，笑著說：「臣就知道公子會返回來的！」

侯嬴評價起信陵君帶賓客赴死的舉動說：「公子喜愛士人，名聞天下。如今遇到難處，就想帶著賓客奔向秦軍，這就如同把肥肉丟給老虎，你本想達到救援趙國的目的，這下子可就什麼功勞也沒有了！」

信陵君恍然大悟，於是向侯嬴求計，利用如姬竊得兵符，調走了晉鄙的十萬大軍，解除了秦國對邯鄲的包圍。

這就是歷史上有名的「竊符救趙」的故事。

有些朋友求人時心急火燎，巴不得對方馬上著手就辦。如果對方一兩天沒什麼動靜，便有些沉不住氣了，一催再催，搞得人家很不耐煩。這也不是求人的正確態度。也許，對方自己有難處，不得不慢慢作打算；也許，他對應承你的事自有安排。一旦求了人家，就要充分相信人家。

由此可以看出，**順應時勢、藉助外力請求他人，就能以較小的代價，成就較大的事情；如果在時機還沒有成熟時就勉強去做，則很難奏效**。因此，在現實生活中怎樣順應時勢、克服自己的焦躁情緒，是求人中應當注意的問題；怎樣使自己變得有耐心，在緊張的情況下也保持心平氣和呢？也就是說在不同環境下怎樣消除煩惱的情緒，至少對它有所控制呢？

急性子的人大都不願浪費時間，因此他們把時間安排得很緊湊，工作中的時間都安排得剛好，不容許有什麼延誤或出什麼差錯。不過，要想萬無一失，最好還是留有一定的餘地，你所參加的約會越重要，預留的時間就應越充裕。如果是一場不可耽誤的約會，那就應該預留大量的時間作迴旋的餘地。

你如果感到十分煩躁，無法理清思緒，請運用你的想像力，努力使自己深深地潛入一個寧靜身心的環境，進入一個穩定、美妙的境地。一位朋友說：「當我感到思緒紛亂的時候，我就努力想像小河岸邊那寧靜的風景勝地，能使我的緊張和煩躁情緒消退許多。」

克服急躁、保持心平氣和的方法之一，是經常檢查自己是否常犯這種毛病。如果你的急躁情緒僅屬偶然，煩惱自會消失。但如果你總是怒火中燒、粗魯無禮，那就應該認識到對自己是看得過重了，以至於對任何人或任何事都不願等待。

幽默有時也能幫助你保持心平氣和，設法將難堪的場面化為幽默的故事，以便使對方感到有趣可笑，努力使自己成為一個觀察力敏銳的人，因為這樣有助於你抑制急躁情緒的產生。

做個有耐心的人不容易，做到平心靜氣是處世態度的一種境界和修養。這種修養一旦形成，對求人辦事具有重大的作用，也是順勢求人最基本的要求。

朋友之間不要太親密

友情就像彈簧一樣，保持適度的距離及適度伸縮，都會使之保持永久的彈性美。和自由美之間，有著驚人的相似。

朋友間建立一份眞誠的友誼，的確是一件非常美好的事情。伯牙鼓琴，子期知音，高山峨峨，流水琤琤。能夠保持這份友好的情誼，使之能夠經受風雨的吹打，則是更爲可貴的。

距離是人際關係的自然屬性，有著親密關係的兩個朋友也毫不例外。成爲好朋友，只說明你們在某些方面具有共同的目標、愛好或見解，以及心靈的溝通，但並不能說明你們之間是毫無間隙、融爲一體的。任何事物都存在著其獨自的個性，事物的共性存在於個性之中。共性是友誼的連接帶和潤滑劑，個性和距離則是友誼相互吸引、並永久保持其生命力的根本所在。

友情就像彈簧一樣，保持適度的距離及適度伸縮，都會使之保持永久的彈性美。

隨著距離的縮短，「金無足赤」的人類的瑕斑也在友誼的光環中出現，過深的瞭解使你發現了對方人性自私甚至卑劣的一面。於是，瑕斑影子在心裡衝突。某些不和諧伴隨出現，你和他都在內心要求對方須與自己一起擺動。少許的違背都使你特別在意。於是，被欺騙感和不忠實感使你對友誼產生了懷疑，冷淡和爭執又將友誼根基動搖，很難恢復其原來的和諧。這時你便會懊惱：為什麼破壞了相互間的距離美和朦朧美。

人一輩子都在不斷地交新的朋友，但新的朋友未必比老的朋友好，失去友情更是人生的一種損失，因此要強調：好朋友一定要「保持距離」！

交友的過程，往往是一個彼此氣質相互吸引的過程，因為你們有共同的「東西」，所以一下子就越過鴻溝而成了好朋友，甚至「一見如故，相見恨晚」。這個現象無論是異性或同性都一樣。但再怎麼相互吸引，雙方還是有些差異的，因為彼此來自不同的環境、受不同的教育，因此人生觀、價值觀再怎麼接近，也不可能完全相同。當兩人的「蜜月期」一過，便無可避免地會碰觸彼此的差異，於是從尊重對方開始變成容忍對方，到最後成為要求對方！當要求不能如願，便開始背後的挑剔、批評，然後結束友誼。

人就是這樣奇怪：未得到時，總想得到；未靠近時，總想貼在一起，真正得到和靠近時，卻又太過苛求。人總在無意中傷害著自己。很奇妙的是，好朋友的感情和夫妻的感情很類似，一件小事也有可能造成感情的破裂；所以，如果有了「好朋友」，與其因太接近而彼此傷害，不如「保持距離」，以免碰撞！

人們說夫妻要「相敬如賓」，如此自然可以琴瑟和諧，但因爲夫妻太過接近，要彼此相敬如賓實在很不容易。其實朋友之間也要「相敬如賓」，「保持距離」便是最好的方法。

心靈是貼近的，但肉體是保持距離的。能「保持距離」就會產生「禮」，尊重對方，「禮」便是防止對方碰撞、產生傷害的「海綿」。

朋友相處，重要的是雙方在感情上的相互理解，和遇到困難時的互相幫助，而不是瞭解一些沒有必要的東西。有的人爲了表示自己對朋友的信任，把自己的一切情況觀念和盤托出，這種做法是一種輕視自己的行爲，如果你所結交的朋友是一個值得信賴、品行端正的人，可以說是你的幸運，萬一對方是居心不良、懷有歹意的人，情況就會使你大傷腦筋。

如果對方已開始打你的主意，那麼你這種草率的做法，很可能是在爲對方的行動創造有利條件。一個人的行爲習慣、經常出入的地點、某些專門活動和個人隱私等，均屬於個人祕密，對方不是知己，是不能輕易告訴他人的，即使是你的朋友也是如此。

如果你的朋友是個知情達理的人，他必定會勸告你、開導你，勸說你不要隨便議論他人。如果你的朋友是一個好惹是生非的人，很有可能把你的話傳給被你議論的人，引起對方的怨恨。如果你的朋友居心不良，還會誇大事實、添油加醋，有意挑起衝突，很有可能使你處於十分尷尬的境地，嚴重的還會釀成大禍。

有些人自以為朋友和自己心心相印，說什麼他都不會計較，就對他當面訴說你對他的不滿。也許你的朋友並不像你想像的那麼大度，則很有可能記恨在心，伺機暗中佈設圈套陷害你。因此，你在坦言之前，最好是認真思考一下這樣做的後果，看對方是否能夠接受，是否會產生反效果，是否會影響到你們之間的友誼。當你發現對方心胸比較狹窄的時候，必須認真考慮對方有沒有實施報復行為的可能性。

在結交朋友的時候，不要一味相信對方的友誼。如果對方是一個別有用心、居心不良的人，友情隨時可能被玷污。因此，你必須謹慎從事，多設幾道防線，預防「朋友」佈下的陷阱，這對你只有好處，沒有任何壞處。常言道：「逢人只說三分話，未可全拋一片心。」

好哥兒們別共事

你沒錢的時候、苦悶的時候、有錢的時候、高興的時候找到好哥兒們，都是最好不過的事，但唯一有一件事是不能找好哥兒們的，那就是需要一起共事的時候。

要維持友誼能夠長存，是有訣竅的。

好哥兒們就像戀人，不能像老婆。戀人有許多美好的想像，隔著一層美麗的面紗，有一種「霧裡看花，水中望月」的朦朧；老婆就不一樣了，成天在旁邊絮絮叨叨、沒完沒了，縱使你有多少耐心，也得被暴露無遺的對方搞得毫無興致。跟好哥兒們共事，無疑是把戀人變成老婆這樣的愚蠢之舉。

「君子之交淡如水」，這句話的確很有道理，因爲假如一開始兩個人之間就充滿了利益的矛盾，是很難毫無芥蒂地變成朋友的，所以好哥兒們很多都是同學、兒時玩伴。因爲沒有利害衝突，所以就可以肆無忌憚地說東道西、聊天喝酒，彼此有一點牽掛，然後更多的時間裡是各忙各的。

如果好朋友要合夥做生意，又該注意些什麼呢？

好朋友平時覺得意氣相投，直來直去慣了，但是共事時就不能這樣了，總得有個人說話更有分量一些，久了有時就會產生摩擦、產生隔閡，到最後好聚好散還好，就怕弄得錢沒賺到，反倒丟了朋友。

好哥兒們共事還有一個不成文的定律，那就是如果大家對事業很有野心，那麼導致的結果就是窩裡反；如果大家的工作能力皆不強，甚至還有破壞力很強的人，那麼好哥兒們共事的結果，就是缺點的大綜合，把本來能向好的方向發展的事搞得一無是處。好比你愛財、我很喜歡暴力，那麼就有可能眞的去做什麼壞事去了。

假如你非得與朋友共事不可，並且堅信不會造成任何有損於友誼的不良後果，那也可以，但你必須有足夠的心理準備去承受失敗。舉一個最簡單的例子，比如桃園三結義的劉備、關羽、張飛，友誼可謂轟轟烈烈、千古流芳，但他們共事的結果是什麼呢？一事無成而已。

好哥兒們更像一種信仰。它只是存在於心裡，更確切一點說，在你有好哥兒們的時候，你碰到任何事，你心裡都有底。

莫管他人閒事

每個人都應該集中精力管好自己的事情，那些整天把精力都放在別人閒事上的人，將永世不得安寧。

有些人從來就不知道什麼叫自娛其樂，也不知道什麼叫三思而後行，他們獨處的時候，從來沒有感到過快樂，他們總是好管別人的閒事，不論什麼事情都要插手，做什麼事情都要偏袒自己的朋友，這些無事生非的人，最令人感到可悲。

一位作家說過：「每個人都應該集中精力管好自己的事情，那些整天把精力都放在別人閒事上的人，將永世不得安寧。」

這句話說得很有道理。當然，有些人不得不參與別人的事務，因爲那是他們的職業，這我並不否認，但這不屬於我們要討論的範疇。如果擁有自己的一方天地，沒有別人打擾，大多數人將會更加快樂。

在所有愛管閒事的人中，那些所謂的「月老」是最令人厭煩的，其實與其叫他們「月老」，還不如稱他們爲「法海」，他們在成人之美的同時，也拆散了很多良緣，而且

寫好人生的腳本

很多婚姻都是被機械地捏合在一起，媒妁之言給很多人帶來了婚姻和家庭的不幸。

還有很多人總是自以爲是，不論什麼事都要插手，也不管知不知道事情的來龍去脈，就衝上前去瞎忙一陣。有的人則只要一聽到別人的錯誤，就不假思索地在那裡評頭論足。

各種各樣愛管閒事的人，包括上面所說的幾種，對社會危害無窮，如果任其發展下去，最後所有的人都會在自己的身邊築起一圈籬笆，隔出自己的一方空間，免得別人騷擾。

避免跟人發生正面衝突

要想透過爭論、甚至爭吵來說服對方是不可能的，結果只會傷了和氣。所以，正面衝突很容易引發誤會，甚至結下仇恨。

生活中的許多衝突，雖不會置人於死地，但也足以讓人麻煩多多。雖然俗話說「不打不相識」，但畢竟不「打」更好，況且生活中的許多衝突，是由於各自的觀點、看法不一樣而造成的，何必因此弄得面紅耳赤、關係緊張呢？

有些衝突是由於個人性格、行事作風不同而造成的，有的人行事穩重，要做就要做好，寧願慢些；有的人講求效率，而且喜歡冒險，如果讓這兩個人共事，矛盾是肯定難免的。有的衝突是由於誤會造成的。所有這些矛盾都很容易引發正面衝突，但正面衝突又肯定解決不了問題。一般情況下，要想透過爭論、甚至爭吵來說服對方是不可能的，結果只會傷了和氣。而且在爭論中，很容易一激動而出言不遜，進而把事情鬧大。而且人在衝動的時候，也很容易接收錯誤的資訊，所以正面衝突很容易引發誤會，甚至結下仇恨。

如何才能避免正面衝突?已經開了頭的衝突如何停止?在緊張的氣氛中,在一觸即發的時候,最好的辦法是先一言不發地走開,留給雙方思考、冷靜的機會。如果不方便走開,那就在怒氣衝衝之時告誡自己:五秒鐘之後再開口。如果一怒而發,冒出來的話肯定會讓自己也嚇一跳,而五秒鐘之後,怒氣可能就會消掉些,這等於把要說的話已經過濾了一遍。

這當然只是暫時避免衝突,要解決衝突還得試著易地而處,思考一下,可以先考慮一下對方的觀點,找出合理之處以及不合理之處。很多衝突都是因爲互相只盯著對方的不是,因而造成水火不容。如果先接受對方的合理之處,就等於營造了一個寬容的氣氛,對方很可能也會試著留意你的優點。這樣的話,解決問題就容易多了。

當然,自己也得考慮一下不足之處,以別人的角度來審視一下自己的觀點。在綜合考慮的基礎上如能坦誠地交流,那問題就可迎刃而解了。很多衝突就是因爲雙方不斷地加劇緊張的氣氛而造成的,如果一方能刻意地營造緩和、坦誠的氣氛,對方也會受到感染,進而產生一種坦誠、寬容的氣氛,衝突也就消除了。

第三輯

CHAPTER 3

解開心靈枷鎖，戰勝自我

失敗者總會顧忌別人的想法。他會恐懼環境和壓力，會抱怨客觀的原因；他們動輒想到失敗的危險，因而永遠不願去真正地關注自己、不願去善待自己，失敗者是失去心靈自由的奴隸。

不要爲小事煩惱

在我們活著的每一天，可能會讓一點小事而影響了原本極為美妙的享受，瞬間快樂無存。然而，人生短暫，記住千萬不要浪費時間去為小事煩惱。

我們生活的每一天，並不會時時受那些不完美的缺憾所困擾，但一定會經常因一些繁瑣的小事影響了心情。有一個人正準備享用一杯香濃的咖啡，餐桌上放滿了咖啡壺、咖啡杯和糖，忽然一隻蒼蠅飛進房間，嗡嗡作響直往糖上飛，頓時好心境全無，他煩躁無比，起身就用各種工具追打蒼蠅，於是片刻之間將房間弄得亂七八糟，桌子翻了、壺灑了、杯碎了、咖啡灑得遍地皆是，最後蒼蠅還是悠悠地從窗口逃走了。

在我們活著的每一天，可能有很多人遇到過類似的情景，讓一點小事影響了原本極爲美妙的享受，瞬間快樂無存。然而，人生短暫，記住千萬不要浪費時間去爲小事煩惱。一個人會覺得煩惱，是因爲他有時間煩惱。**一個人為小事煩惱，是因為他還沒有大煩惱。**

世事繁雜，生活中遇到不如意的事是常事。從偉人到芸芸眾生無不皆然。算起來生活中哪一天沒有不順心的事？工作不如意、同事間的誤會、錢不夠花等等，把自己陷在這些煩惱中，即使晴天麗日，也會覺得天氣不好。

一九四五年三月，一名美國青年羅勃．摩爾在中南半島附近海面下兩百七十六英尺深的潛水艇裡，學到了一生中最重要的一課。

當時摩爾所在的潛水艇，從雷達上發現一支日軍艦隊朝他們駛來，他們發射了幾枚魚雷，但沒有擊中任何一艘艦。這個時候，日軍發現了他們，一艘佈雷艦直朝他們駛來。三分鐘後，天崩地裂，六枚深水炸彈在四周炸開，把他們直壓到海底二百七十六英尺深的地方。深水炸彈不停地投下，整整持續了十五個小時。其中，有十幾枚炸彈就在離他們五十英尺左右的地方爆炸。倘若再近一點的話，潛艇就會被炸出一個洞來。

摩爾和所有的士兵一樣，都奉命靜躺在自己的床上，保持鎮定。當時的摩爾嚇得不知如何呼吸，他不停地對自己說：這下死定了……。潛水艇內的溫度達攝氏四十多度，可是他卻嚇得全身發冷，冷汗直流。十五個小時後，攻擊停止了，顯然是那艘佈雷艦在用光了所有的炸彈後離開了。

摩爾感覺這十五個小時好像有一千五百萬年之久。他過去的生活一一浮現在眼前，那些曾經讓他煩憂過的無聊小事，更是記得特別清晰——沒錢買房子，沒錢買汽車，沒錢爲妻子買漂亮衣服，還有，爲了一點芝麻小事和妻子吵架、爲額頭上一個小疤發愁……。

可是，這些令人發愁的事，在深水炸彈威脅生命時，顯得那麼荒謬、渺小。摩爾對自己發誓，如果他還有機會再看到太陽和星星的話，他永遠不會再爲這些小事憂愁了！

這是一個經過大災大難才悟得出的人生箴言。

英國著名作家狄斯雷利曾精闢地指出：「爲小事而生氣的人，生命是短促的。」的確，如果要是讓微不足道的小事時常吞噬我們的心靈，這種不愉快的感覺，會讓人可憐地度過一生。

有一個年過三十五、擁有兩家業務蒸蒸日上的公司的女總經理，她光滑的臉龐、樸實的穿著、開朗的微笑和溫柔的語調，只要不談公事，她看來頂多像剛入社會的新鮮人。她總是開開心心的，不只是人家願意和她相處，做生意時也會覺得和她合作很愉快。所以，生意越做越好。

有人問她：「如何青春永駐？」

問的人大約只有二十來歲，在她的腦袋瓜裡，三十五歲已經是很老很老的了。

這位女總經理回答：「我不知道，大概是因爲我沒有煩惱吧！從前年輕的時候，常常爲雞毛蒜皮的事煩惱得不得了，連男朋友對我說：喂！妳怎麼長了顆青春痘，我都會煩惱得睡不著覺，心想：他講這句話的意思是不是他不愛我了？直到我大哥去世，改變了我的想法。

「我大哥從小就是個有爲的青年，二十多歲就開始創業，他車禍去世前幾天，正爲公司少了一筆十萬元的帳而煩惱。我大哥一向不愛看帳本，那個月他忽然把會計帳本拿出來瞧，管會計的人是他的合夥人，因爲這一筆帳的去路不明，他開始懷疑兩個人多年來的合作，是否都有被吃帳的問題。大哥開始睡不著覺，睡不著就開始喝酒，喝酒後就變得煩躁，越煩躁越喝酒，有天晚上應酬後開車回家，發生了車禍……，他走了之後，嫂嫂處理後事時發現，大哥的合夥人只不過把這個公司的十萬元挪到另一個公司使用，不久又挪回來了。沒想到我哥爲了這筆錢，煩了那麼久……

「從我大哥身上，我學到了這一道理，不要創造煩惱，不要自找麻煩，就以最單純的態度去應付事情。這也許是我不太會長皺紋的原因吧！」

也許，我們從這位女總經理身上可以領悟到：每個人的周遭一定有看起來像「煩惱製造機」的人，他們總在爲不可能發生的事、不足掛齒的小事、煩死也沒用的事、事不關己的事煩惱，在日積月累的煩惱中，對別人一個無意的眼神、一句無心的話，都有了疑心病，彷彿在努力地防衛病毒入侵，也防衛了快樂的可能。

伏爾泰曾一針見血地指出：「**使人疲憊的不是遠方的高山，而是鞋子裡的一粒沙子。**」生活中常常困擾你的，不是那些巨大的挑戰，而是一些瑣碎的事。雖然這些事微不足道，卻能無休止地消耗精力。

其實，反正時間一分一秒在走，難過也是一天，快樂也是一天。你的今天要怎麼過，你就能讓它怎麼過。所以，人生要想得到快樂，就要學會隨時倒出那煩人的「小沙粒」。

無謂的爭論都是浪費精力

懦弱愚蠢的人容易激動和大吵大嚷，聰明的人無論何時，都會保持自己的尊嚴。

天底下只有一種能在爭論中獲勝的方式，那就是避免爭論。十之八九，爭論的結果是會使雙方比以前更相信自己絕對正確。你贏不了爭論。要是輸了，當然你就輸了；即使贏了，但實際上你還是輸了。

如果你的勝利，使對方的論點被攻擊得千瘡百孔，證明他一無是處，那又怎麼樣？你會覺得洋洋自得；但他呢？他會自慚形穢，你傷了他的自尊，他會怨恨你的勝利。而且——「一個人即使口服，但心裡並不服。」

某家人壽保險公司立了一項規矩：「不要爭論！」眞正的推銷精神不是爭論，甚至最不露痕跡的爭論也要不得。人的意願是不會因爲爭論而改變的。

正如富蘭克林所說的：「如果你老是抬槓、反駁，也許偶爾能獲勝，但那只是空洞的勝利，因爲你永遠得不到對方的好感。」

因此，你自己要衡量一下，你是寧願要一種字面上的、表面上的勝利，還是要別人對你的好感？

你可能有理，但要想在爭論中改變別人的主意，一切都是徒勞無功。

威爾遜總統任內的財政部長威廉．麥肯羅，以多年政治生涯獲得的經驗，說了一句話：「靠辯論不可能使無知的人服氣。」

麥肯羅說得太保守、太片面了。事實上，不論對方的才智如何，都不可能靠辯論來改變他的想法。

比方說，有位顧問，爲了一筆關鍵性的九千元，跟一位稅務員爭論了一個小時。他解釋這九千元事實上是應收帳款中的呆帳，不可能收回來，所以不該收所得稅。

「呆帳！大頭鬼！」稅務員火大了，「非收不可。」

那位稽核員非常冷酷、傲慢而且頑固，任何事實和理由都沒有用……，他們越爭執，稅務員越頑固，所以，顧問決定不再和他論理，開始改變話題，說些使人愉快的話。

他說：「比起其他要你處理的重要而困難的事情，我想這實在是不足掛齒的小事。

我也研究過稅務問題，但那是書上的死知識，你的知識全是來自實務工作的經驗。有時我真想有份像你這樣的工作，那樣我就會學到很多。」他說得很認真。

這下，稅務員伸直身子，靠在椅背上，花很多時間談論他的工作，他說自己發現過許多稅務上的鬼花樣，口氣慢慢友善起來。接著又談起孩子，臨告別的時候，他說要再研究研究顧問的問題。

三天後，稅務員打電話到辦公室，通知顧問，那筆稅決定不收了。

這位稅務稽核員表現了人性最常見的弱點，他要的是一種重要人物的感覺，所以越和他爭論，他越高聲強調職務上的權威，但一旦對方承認了他的權威，爭執自然偃旗息鼓了。有了表現自我的機會，他就變成一位有寬容態度和同情心的人了。

拿破崙的家庭總管康斯坦在《拿破崙私生活拾遺》曾寫道：他常和約瑟芬打撞球，「雖然我的技術不錯，我總是讓她贏，這樣她就非常高興。」

我們可從康斯坦的話裡得到一個教訓：讓我們的顧客、朋友、丈夫、妻子，在瑣碎的爭論上贏過我們。

釋迦牟尼佛開示道：「恨不消恨，端賴愛止。」爭強疾辯不可能消除誤會，只能靠技巧、協調、寬容以及用同情的眼光去看別人的觀點。

別悲觀地接受不滿意的東西

相信便能成功。成功生活的要訣，在於超越你的失敗——不要為錯誤而哀傷，放下內疚的擔子——堅定地進入人生的佳境。

世界是豐富的，有許多東西是令你滿意的，當然也有許多東西是令你厭惡的。不管你想不想接受，兩者都會如期而至。

現在看來，之所以會難以接受不滿意的東西，原因在於思想。因此，爲了改變環境，首先要改變思想。別悲觀地接受不滿意的東西，要在腦子裡構思理想的環境。構思出一切細節，堅信這幅心像、保持信心、爲此禱告、爲此努力，你定能實現目標。我眞希望年輕時早一點發現這條眞理。我是到了後半輩子，才想通這層道理的。

這項成功定律，簡言之就是：相信便能成功。成功生活的要訣，在於超越你的失敗——不要爲錯誤而哀傷，放下內疚的擔子——堅定地進入人生的佳境。

消極的習慣是你的死敵。你也許已經習慣某些不良的想法和行事方式，除非下了很大的決心，採取了非凡的行動，才能改變了也許已經陷入憂慮的深坑，不能體諒別人，或落入了與快樂背道而馳的其他習慣的漩渦。

現在，且來看看你的習慣——那些消極的令人感到無力沮喪的習慣，怎樣把你與快樂阻隔開來。

你要不要一面鏡子幫助你做改變？這倒不必。但你必須要有一面心鏡，才能像別人一樣以客觀的態度看待自己，才能看清在無意識中使你不能享受美好人生的那些習慣。你有沒有這樣的習慣：只是瞧著人家說話，但不表示你自己的意見？在習慣上，你是否會因爲害怕曬傷或凍傷、淋雨或著涼，拒絕了一次有趣的旅行？或者，你是否會因爲出手太快，未看清形勢就下注，成爲一個習慣性的輸家？舉起你的心鏡，照照你的不良習慣，認眞地從「心」審視那些妨礙你快樂的事情。

打破習慣雖然是一件難事，但並非不可辦到，只要你能看清自己的不良習慣，只要你有成功的決心，只要你肯努力去改，不但可以改變，而且可以由此獲得更多的快樂。

在此給你一個建議：不要爲你的享樂定下條件。

不要說：「等我賺到一萬美元，我就好好開心地玩玩。」

不要說：「等我上了那架通往巴黎、羅馬、維也納的飛機，我就快樂了。」

不要說：「等我到了六十歲退休時，我就要躺在甲板的躺椅上曬曬太陽……」

享受不應該有「假如」等條件。不要哄騙你自己，只要你眞心去享受生活的樂趣，你就會發現生活的樂趣——只要你能與你的好運相處。

最後，我不厭其煩的重複一句：你能與你的好運相處。

因爲我知道：不能與快樂相處的人實在太多了。這些人獲得一次大大的成就之後，不但不能輕鬆愉快，相反地，卻更加焦慮起來。在他們心中，每個人和每件事都在緊盯著他們——疾病、訴訟、意外、稅務乃至親戚。這些人根本不肯放鬆心情——除非再度嘗到了他們一直期待的滋味：失敗。

你要追求快樂，不要追求痛苦。你要對快樂的美德充滿敬意，你要覺得你是有權享受快樂的人。你可以在一些小小的事情中找到樂趣：美味可口的食物、熱情眞摯的友誼、溫暖宜人的陽光、鼓勵的微笑。

通達人情世故的莎士比亞在《奧塞羅》一劇中寫道：「歡愉和行動，使時光短暫。」不論長或短，你要使你的時光充滿愉快的微笑。

「歡愉不是人生的一部分」，說這句話的人甚爲可笑，因爲他懵懂無知。但你要寬容他，因爲他沒有你明達。

因爲你讀到此處，已知事實並非如此。

你已知道：快樂是眞實不虛的事實。

你已知道：快樂是給自己的一份禮物——不只是耶誕節如此，一年三百六十五天，天天如此。

放眼未來，切忌畏首畏尾

在制定目標的時候，不妨參考過去最好的成績，使其發揚光大。這必須成為未來生活的目標。永遠不要擔心目標過高。

在制定目標的時候，不妨參考過去最好的成績，使其發揚光大。這必須成爲未來生活的目標。永遠不要擔心目標過高。取法乎上，得其中也；取法乎中，得其下也。擴展你的思想領域，確定你的遠大理想，把自己造就成偉大的人物。這就需要去行動。

一位大公司的人事經理說，她每年都會到各大學進行四個月的訪問，挑選一些即將畢業的學生，參加公司初級經理人員的預備訓練。她指出，她對這許多大學生的心態很失望：

「通常我要和八至十二位畢業生面談，他們都是班上的前三名，而且都表示很樂意到我們公司工作。我們考慮的決定因素之一是個人的動機。我們要看他是否有潛力，能否在幾年內獨當一面，完成重要計畫，管理一個分公司或分廠，或者在其他方面對公司有實質性的貢獻。我不得不說，我對我所面談的大部分學生的個人目標，並不十分滿意。你會很驚訝，有那麼多年僅二十二歲的年輕人，對退休計畫比任何事都感興趣。對他們而言，『成功』只是『保障』的同義詞而已。

「他們關心的第二個問題是：『我會被經常調動嗎？』你想，我們能把公司冒險交給這樣的人嗎？我無法理解的是，現在的年輕人對於未來的態度，竟然是極端地保守、狹隘。」

成功不是以一個人的身高、體重、學歷或家庭背景來衡量，而是以個人理想的「大小」來決定，理想的「大小」也決定成就的大小。

思想深邃的人不光看現狀，還要訓練自己注意未來的發展。以下兩個例子可以說明這點：

有一位百貨公司的經營者，對一群業務經理分享自己的心得：

「我可能有點守舊，但我還是相信使顧客再度光臨的最好辦法，就是提供友善、殷勤的服務。

「有一天，我到商店巡視，聽到一位店員正在跟顧客爭吵，結果那位顧客很憤怒地離開了。然後，這位店員對另一位店員說：『我才不會讓一個僅值一美元九美分的顧客，占去我所有的時間，讓我翻箱倒櫃去找他要的東西。他根本不值得我這樣做。』我聽完就走開了，但是一直無法忘記那番話。想到我們的店員認爲顧客僅值一美元九美分時，我覺得事態十分嚴重。

「我立刻決定，要把這個觀念改過來。便請市場研究主任統計去年平均一位顧客在我們商店的花費是多少。結果頗令我吃驚，數目高達三百六十二美元。接著，我召開人事督導會議。我把情況解釋清楚，然後告訴他們一個顧客的眞正價值。他們一旦明白一個顧客的價值，不是以一次銷售金額，而是以全年的銷售總額來評定，服務態度馬上就改善了。」

這項經營要點，適用於任何一種生意。通常頭幾次買賣是沒什麼利潤的，所以，要看顧客的潛在購買力，而不是看他們今天買多少，高估顧客才能把他們變成穩定的大主顧。反之，則會把他們趕走。

有一個學生告訴我，他爲什麼不再去餐廳吃飯。他說：

「有一天午飯時間，我決定去一家幾週前新開張的自助餐廳用餐。當時我的經濟情況有點緊，必須小心用錢。我在肉品部看到火雞肉還不錯，旁邊價目清楚地寫著三十九美分。當我走到櫃檯付帳時，那位櫃檯小姐說要四十九美分。我禮貌地請她再核查一次。那位小姐不屑一顧地瞪我一眼，重新算過。原來差別就在那份火雞的價錢。她堅持要收四十九美分。我請她注意那邊三十九美分的標價。這下她火了，『我不管那邊標價是怎麼寫的。這邊價目表是四十九美分，有人把那邊的價目標錯了，你必須付我四十九美分。』然後我解釋我所以挑這份火雞肉就因爲它是三十九美分，如果標明四十九美分，我就會挑別的食物了。但她還是回答：『你還是得付四十九美分。』我照付了，因爲我可不想一直站在那裡成爲大家注目的焦點。當時我就決定永遠不再到那裡吃飯了。我一年要花二百五十美元左右的午餐費，他們絕對拿不到一分錢。」

這是一個目光短淺的明顯例子。這位收款小姐只看到小小的十美分，看不到潛在的二百五十美元。

這個事例的道理就是：觀察事情不可只看現狀，還要能看到未來可能的發展，預見未來增加的價值。思想深邃的人總是能預見未來。他不會拘泥於現狀，他看待每一件事都會比別人深入，然而，他從每一件事得到的，將會比別人多幾倍甚至幾十倍。

解除貪婪的枷鎖

我從不祈求物質的滿足。我不祈求有僕人為我送來食物，不求豪宅、金銀財寶、愛情、健康、名譽、成功或者幸福。我只求得到指引，指引我獲得這些東西的途徑，我的禱告都有回音。

一個有正確價值觀的人，必然是一個有著自我制約能力的人，同時他也知道自己最需要的是什麼，不需要的是什麼。「知足常樂」這個生活原則，會讓你在欲望熾熱的時候，找到心裡平衡，克服種種不切實際的幻想。

一個關愛別人的人，懂得奉獻比占有更幸福。自古以來，「成由勤儉敗由奢」，我們也許改變不了世界，但我們至少可以從自己身上解除「貪婪」這道枷鎖。

少一點貪婪

人都有欲望，貧窮的人想變得富有，低賤的人想變得富貴，默默無聞的人想變得舉世聞名，沒有受過讚譽的人想得到榮譽，這是無可非議的，但問題在於欲望和能力之間是必須成正比的。

修身養性的一個重要關鍵，就是尋求欲望與能力之間的和諧。在欲望和能力之間發生嚴重不協調時，或者抑制欲望的膨脹，或者增加自己的能力。世界上，美好的東西實在多到數不清，我們總是希望都能得到，其實欲望太多，反而會成了累贅，還有什麼比擁有淡泊的心胸，更能讓自己充實滿足呢？選擇淡泊，摒棄貪婪吧！

著名作家林清玄曾在文章中講過這樣一個故事：

自己一位朋友的親戚從來沒穿過合腳的鞋子，她常穿著巨大的鞋子走來走去。晚輩如果問她，她就會說：「大小鞋都是一樣的價錢，爲什麼不買大的呢？」

許多人不斷地追求巨大，其實只是被內在的貪欲推動著，就好像買了特大號的鞋子，忘了不合自己的腳一樣。不管買什麼鞋子，合腳最重要，不管追求什麼，總要適可而止。

現在許多人似乎覺得只有錢才能帶給自己安全感，所以瘋狂地聚斂錢財，這種人把錢財看得比性命還寶貴，爲了錢，什麼事情都敢做，投機行險，貪贓枉法，徇私舞弊，怠忽職守，那麼，等待他的也將是法律的嚴懲。

樹立正確的價值觀

一個人首先要培養正確的價值觀，一個有正確價值觀的人，必然是一個有著自我制約能力的人，同時他也知道自己最需要的是什麼，不需要的是什麼。其次，要培養正確的判斷力。一個有正確判斷力的人，懂得什麼是美，什麼是醜；什麼是善，什麼是惡。相對地，他也就懂得努力去追求美與善，盡可能摒棄醜與惡，這樣就自然而然地避免了貪婪。

唐懿宗時，由於他的荒淫奢靡，世風日下，官吏貪贓枉法極爲猖獗。當時有個人名叫楊牧，他是一個貪婪成性的奸詐之人，巴結當時宦官左軍中衛楊玄階，當上了宰相。

在他當權期間，曾經「收錢百萬」，就連他的門吏童僕也狗仗人勢，巧取豪奪。他的女兒嫁給尙書右丞裴坦的兒子時，帶了很多嫁妝，器皿用具，都用犀牛角和玉石裝飾著。裴坦是個廉潔奉公、嚴於律己、不與不正之風同流合污的人，他有著遠見的卓識，高風亮節，一看到兒媳婦陪嫁的財物如此豐盛，用具如此奢侈，不但不高興，反而怒氣衝衝地說：「這些東西將來必定會毀滅我的家。」於是下令把它們全都銷毀了。

不久，楊牧這個鼠目寸光、放縱貪婪的小人，終因受賄事發而被貶爲端州司馬，後來又被流放到荒遠的歡州，途中更被賜死。

可見，裴坦頭腦清醒，不追逐奢靡之風，不貪圖非分之財，這種品格是值得讚賞的。楊牧以權謀私、貪贓枉法，最後落到可悲的下場，是值得我們引以爲戒的。

知足者常樂

安於現狀、知足常樂，並不是指對美好的生活失去信心和追求。

戰國中期著名的思想家、文學家、道家的代表人物——莊子，輕視高官厚祿，追求逍遙自在。楚威王聽說莊子有才幹，派了使臣，帶了千金重禮，欲聘他爲相。他對楚國使臣說：「千金是很重的財禮，卿相是尊貴的職位，你難道沒有看到祭祀用的牛嗎？人們養牠幾年，然後給牠披上繡花的衣服，送進太廟，殺了祭祀。到這時候，牠即便想做一頭自由自在的小牛，難道還有可能嗎？你快走吧，不要玷污我，我寧可在污穢的小河中自得其樂，卻不願受國君的管束。我要終身不做官，以實現我的志向。」

人就像投入社會洪流的一葉扁舟，有的人一帆風順，心想事成，躍上成功的波峰，成了聲名顯赫的人物，有的人乘風破浪，成了時代的成功者，有的人可能暫時落入失敗的境地，但無論一個人的人生是絢麗多彩、可歌可泣，還是平庸乏味、可悲可歎，都告

寫好人生的腳本

訴我們，應該學會隨遇而安，退一步海闊天空，即使到了萬般無奈、窮途末路的地步，也能化險爲夷。

不要搬石頭砸自己的腳

我們在做決定時，必須記住要以排除困難及障礙為第一原則，以減少成本和資源，千萬不要搬一大堆石頭擋住自己的去路，還讓石頭砸了自己的腳。

大家都知道，行動之前的決定是由一連串的判斷而來的。從問題的發現開始，我們就要判斷這個問題值不值得花心思去研究。接著找出幾個可能的原因，並判斷哪幾個原因比較有可能是眞正的原因。從發現問題到找出哪一個才是眞正的原因，都需要經過判斷。

簡單地說，在思考及評估一個決定的過程中，判斷是一個個環節，不停地過濾掉不合邏輯的東西，剩下的答案，就是所應採取的行動。

有這樣一個故事：某國有個一等兵，在第一次世界大戰期間服役時，可謂盡心盡職。有一天，他開著自己那輛帆布頂篷的卡車，艱難地行駛在前線那被融雪浸泡得異常泥濘的道路上。

卡車已經兩次陷進深深的泥漿之中，到了第三次，一等兵一直擔心的事情終於發生了，汽車滑進泥坑，直陷到車軸處。

正在這時，隨著一陣響亮的汽車喇叭聲，一隊轎車從右邊駛過。看到這輛陷入困境的卡車，車隊立即停下來。一位身著紅色佩帶的將軍從八輛汽車的第一輛中走了出來，向一等兵招乎。

「遇到麻煩了？」將軍問道。

「是的，將軍先生。」一等兵答道。

這位將軍仔細地觀察了一下，這時，他想起了新頒發的一項要求——加強官兵之間友情的命令，於是，他決定身體力行地給大家做個榜樣。

他拍拍手用命令的口氣高聲叫喊著：「全體下車！軍官先生們，過來！我們幫忙這位一等兵先生！」

從八輛汽車裡鑽出整整一個司令部的軍官、少校、上尉，一個個穿著整潔的軍服。他們和將軍一起幫忙把車抬了起來。就這樣忙了十多分鐘，汽車才從泥坑中解救出來。

我們可以想像當這些軍官穿著滿是泥污的軍服鑽進汽車時，他們的樣子是何等狼狽，他們在心裡又是怎樣詛咒這命令。最後，將軍為自己的善舉而洋洋自得，他又走到一等兵面前。

「這樣還滿意嗎？」

「是的，將軍先生！」

「讓我看看，您在車上裝了些什麼？」

將軍拉開篷布，他看見，在車廂裡坐著整整十八個一等兵。

由這個例子可以看出，在做任何決定時，一定要考慮到行動應如何實施，如果我們事前就做好實施計畫，必定可以達到「以最小力量取得最大效果」的目的。

事實上，在我們生活中，有很多事只需花很小的力氣，就可以有很完美的效果，只是我們都忽略了「事前規劃」這項工作。

我們在做事、思考時，最大的盲點在於沒有邏輯習慣。經常該做的事沒做，不該做的事瞎忙一通，根本不知什麼是輕重緩急。例如，功課沒做完，就先看電視，等電視看完又睏了，先睡覺再說，結果第二天不但上課遲到，作業也交不出來。這就是在做決定時，目標還沒定出來，就急著做判斷，判斷還沒完成，就急著做決定，結果做出的決定是一團糟，事實和想像差了十萬八千里。

這種情形，就像我們打靶時還沒瞄準，就扣了扳機，結果，不僅浪費了子彈，搞不好還打到別人，事後才說不是故意的，不知道結果會如此，可是為時已晚。

因此，奉勸大家在做決定時，我們要以既定的目標爲目標，以最小資源、最短時間、最小損失的目標爲原則，千萬不要自找麻煩。

在做最後的選擇時，如果有簡單的方法和途徑，請選擇簡單的。除非你的目的不在於目標，而是在於「捨易求難」以表現自我，那就另當別論了。

總之，我們在做決定時，必須記住要以有效排除困難及障礙爲第一原則，以減少成本和資源，千萬不要搬一大堆石頭擋住自己的去路，還讓石頭砸了自己的腳。

只要養成習慣，行動前先行規劃，就可以四兩撥千斤；反之，事前的疏忽，事後可能用千斤萬兩也無法彌補。

別做沒有應變能力的「毛毛蟲」

長於應變者必能轉危為安，所以不論做什麼事，應切記盲目行動是一大忌，倘若沒有應變能力，找不到行動的正確方向，那麼一旦陷入困境之中，失敗是在所難免的。

一般來說，應變能力強的人，都是聰明人；但聰明人的應變能力不一定強，有些聰明人，平時辦事能力還可以，一遇緊急情況就失去了主意，甚至驚惶失措。

在非洲和地中海一帶，有一種蛾類的昆蟲，其毛毛蟲從卵中孵化出來之後，就成百地集結在一起生活。在外出覓食時，通常是由一隻隊長帶頭，其他的毛毛蟲頭頂著前一隻夥伴的屁股，一隻貼著一隻排成一列或兩列前進，這樣的隊伍的最高紀錄是六百公尺。爲預防自己不小心走岔路跟丟了，牠們還一面爬一面吐絲。等到吃飽了葉子，牠們又排好隊原路返回。

法國昆蟲學家法布林曾經仔細研究過這些毛毛蟲。他先是把隊長拿走，但後邊的一隻迅速補上，繼續前行；又把牠們的絲路切斷，雖然會暫時把牠們分開，但後邊的那隊會到處聞、到處找，只要追上前面的，馬上就會合二爲一。

法布林所做的實驗中，最有意思的是計誘毛毛蟲走上一個花盆的邊緣。毛毛蟲一走上去就沿著邊緣前進，一面走一面吐絲。令法布林驚訝的是，這群毛毛蟲當天在花盆邊緣一直走到筋疲力盡才停下來，其間曾經稍作休息，但是沒吃也沒喝，連續走了十多個小時。

第二天，守紀律的毛毛蟲佇列絲毫不亂，依然在花盆邊緣上轉圈，沒頭沒腦地跟著前邊的走。第三天、第四天……，一直走了一個星期，看得法布林都不忍心了。終於到了第八天，有一隻毛毛蟲掉了下來，意外地突破困境，這一群毛毛蟲才重返家園。

這種毛毛蟲的排隊行爲，當然有一定的功用；但其實際上是固執、愚昧至極，除了用「盲從」以外，恐怕再也找不到更好的詞來形容牠們了。

有人說，如果把這些毛毛蟲首尾相連，牠們就會活活餓死。不知道科學家們是否做過這樣的實驗，這種缺乏應變能力的行動，在我們的生活中，也是隨處可見的。

據報載，一個中學生的母親在家裡洗澡時暈倒了。該生救母心切，急忙鎖上門搭乘公車去找父親，一個多小時後趕到父親公司，父親不在，他又趕忙去母親的公司請人叫救護車。但救護車外出，於是這位學生回家去等。直到父親回家，父子二人又在家等了一個多小時，救護車才到，總算把須急救的人送到醫院。

據說此中學生並不是癡呆之人，而是品學兼優的學生，他頭腦聰明、成績優秀，生活中的辦事能力卻如此之差！

有人的辦事能力稱得上精明，可是一旦突然情況出現，或事情不是原來設想的那樣，就沒辦法了，可是等事情一過，奇謀妙策又都想起來。這種人精於謀、拙於敏，很難說他有多高的應變能力。

戰國時期，魏國的范雎受中大夫須賈迫害，逃匿民間。有一次，秦使王稽來魏，聽說范雎很有才幹，便暗中帶他回秦。進入秦境時，一隊人馬迎面馳來，范雎問來人是誰，王稽說可能是秦相穰侯魏冉東巡縣邑。范雎說：「我耳聞穰侯專擅秦政，不容外人，今天被他碰上，輕則受辱，重則被驅。我還是躲到車底吧！」

沒多久，穰侯來到車前，問車中有無別國賓客，王稽說沒有，魏冉就走了。范雎從車中出來，說：「穰侯是聰明人，只是遇事反應慢點，剛才他懷疑車中有人，你說沒有，他未搜查，過後一定不放心，會派人回來搜查的，我要避一避。」說完下車從小路向前走去。

果然過了一會兒，穰侯派人到車上翻找，見確實沒人才作罷。范雎與穰侯都是聰明人，但從此事來看，范雎遇事反應快，穰侯反應慢，自然，范雎就比穰侯高明多了。

由此可見，擅長於應變者必能轉危爲安，所以不論做什麼事，應切記盲目行動是一大忌，倘若像上文所提到的毛毛蟲一樣沒有應變能力，找不到行動的正確方向，那麼一旦陷入困境之中，失敗是在所難免的。

切忌涉足太多的領域

成就與個人精力的集中程度，往往是成正比的。

生活中之所以有許多人無法實現少年時代的夢想，原因就是他們同時涉足了太多的領域，由此難免會分散精力，這就阻礙了他們的進步，使得他們最終一事無成。他們沒有採取一種更明智的做法，集中精力於某一個領域，咬定青山不放鬆，最終成為該領域所向無敵的行家高手；相反地，他們選擇了在很多領域成為三腳貓似的人物，他們四處出擊，什麼東西都有所涉獵，卻又都是浮光掠影、淺嘗輒止，最終只懂得一點皮毛。

英國政治活動家、小說家愛德華．利頓說：「有許多人看到我整日如此忙碌，事無巨細無不顧及，竟然還能有時間來從事學問研究，他們都免不了奇怪地問我：『你怎麼會有那麼多時間來完成了這樣多的著作呢？你究竟有什麼分身之術，可以做完這麼多工作呢？』或許我的回答會令你大吃一驚，答案就是——『我之所以能做到這一點，是因為我從來不同時做好幾件事情。』

「一個能從容自若地安排好工作的人，肯定不會讓自己過於勞累。換句話說，如果他在今天疲於奔命的話，那麼隨之而來的必定是疲勞和困乏，這樣的話，他明天就不得不減慢工作節奏，所以結果就是得不償失。

「我認爲，我眞正專心致志的學習，是從離開大學校園跨入社會之後開始的。到現在爲止，我覺得在生活閱歷和各種知識的累積方面，跟同時代的絕大多數人相比，自己毫不遜色。我遊歷了許多地方，所見甚廣；在政界和各種各樣的社會事務中，我也收穫頗豐；除此之外，我在各地出版了大約六十本著作，其中涉及到的許多課題是需要深入研究的。

「你認爲通常一天中我會有多少時間用來研究、閱讀和寫作呢？我可以告訴你，不到三個小時；在國會開會期間，可能連三個小時都沒有。然而，在這三個小時之內，我卻是全神貫注地投入工作的，心無旁鶩，用心極專。」

柯勒芝是一個才華橫溢的英國詩人，但是他意志薄弱，缺乏勤勉的習慣，厭惡長期的連續性工作；他只是一味地沉溺於精神幻想，這種幻想消耗了他的精力，於是，他的生命過早地耗盡了，就如一隻腳踏在半空中般，不切實際地生活著。他空有萬般才華卻一事無成，在生活的許多方面，他到最後面對的都是悲慘的失敗。

在他活著時，他整日埋首於自己臆想的荒謬絕倫的人生幻想之中；當他面對死神時，他仍然沉湎於幻想之中難以自拔。他的一生都在不停地下決心、定計畫，但直到他撒手西去的那一天，也仍然沒有行動的決心，有的只是紙上計畫而已。

儘管他時時有新主意、新目標，但他從未持續地完成過一件事。他的生活是漂泊不定的，就像秋風中的落葉一樣，隨風飄零，任意東西。

「柯勒芝死了，」英國散文家查爾斯．蘭姆寫信給一位朋友說，「據說他身後留下了四萬多篇有關形而上學和神學的論文——但是沒有一篇是寫完了的。」

一個人如果專心追求某一目標，鮮有不成功的。偉人之所以成其為偉人，成功者之所以能超越芸芸眾生，就在於他們能夠堅定不移地認定某個目標，並為之全力以赴、矢志不移，他們的成就與其精力的集中程度往往是成正比的。

英國油畫家賀加斯會將他的視線和注意力，一直集中在某一張臉上，直到這張臉如照片般留存在他的腦海中，他可以隨時隨地將其複製出來為止。他在研究和觀察任何物體時，都做到了一絲不苟、謹慎細緻，彷彿他永遠都沒有機會再看到它們一樣，這種仔細觀察的習慣，使得他的研究工作充滿了令人歎為觀止的細節描述。

在他所生活的時代，幾乎所有重要的藝術流派都受到其著作的影響。他既沒有受過

寫好人生的腳本

高深的教育，也不是那種天資卓越、才華四射的天才人物，他的成功可歸功於他那勤勤懇懇、埋頭苦幹的精神，和細緻入微的觀察能力。

拖拖拉拉是人性中最大的弱點

不管你用什麼方法讓自己「立刻行動」，你就會戰勝拖拉，一輩子都會積極行動。

許多拖拉者不去執行計畫，是因爲他們覺得要完成整件事，必須要有充裕的時間才行，而不認爲事情的完成是一步步積少成多。爲了突破僵局，有學者提出「Cheese」（上面有很多孔的乾酪）的方式行動。也就是不一次全部執行整個計畫，而是利用時間「刺洞」，每次完成整個工作的一小部分。這樣就比較容易著手進行，每次完成半個小時的工作，累積起來，最後就可以做完全部的工作。

卡努斯博士也有類似的「五分鐘行動」的建議。意思就是說，每次花五分鐘進行該做的事，做完五分鐘後，再考慮一下是不是要再做五分鐘，這樣一直持續下去（因爲只做五分鐘，我們不會有太多掛慮，反而更容易全力以赴，於是有了信心，也許會加長時間，做半小時或一小時）。這個方式可讓躊躇的你，邁出行動的第一步，只要一開始進行，就可能依照慣性一直做下去，而且似乎覺得不難。

另外，還有其他的方法可以讓你動起來：

(1)拖拉者總是想一口氣把事做完，沒有想到「千里之行，始於足下」。因此，你所設定的目標要明確、具體，把所需的行動細分爲做起來不困難的幾個小步驟。

(2)可能的話，請養成立刻動手的習慣，不要再三考慮，然後躊躇不決。

(3)一旦你動了起來，開始做事，最好也能留點精力進行別的計畫，譬如寫信給久未聯絡的親友。這樣總比每件事都要從頭開始規劃，要簡單多了。

(4)完成一件無聊或不愉快的工作後，做些自己喜歡的事犒賞自己。

(5)先確定每天例行性工作要花多少時間，於是，剩下來的就是自由時間。然後把這些時間視爲可以全部利用，完成其他的工作。當你抽空進行其他工作時，做完半個小時，你就記錄或回顧一下成果，以此來獎勵自己的努力。由於是在自由時間內採取行動，故稱之爲「自由行動」。

不管你用什麼方法讓自己「立刻行動」，你就會戰勝拖拉，一輩子都會積極行動。每一次的挫折都不會讓你退卻，每一次你都毫不猶豫立刻行動，每一次你都把久拖未決的事解決一小部分，那麼，你已經正在轉變態度了。

不過，與拖拉的心態戰鬥時，不要期望立刻獲得成果。因爲，這種不良習慣不是單一的因素，它是整個心理結構所造成的行爲，因此，不可能很快就有改變。就拖拉的本性而言，它反而排斥改變，因爲拖拉者本來就會把有益自身的事情一延再延。所以必須一步一步慢慢解決，獎勵自己的進步，因爲你距離長遠的目標越來越近了。

小不忍則亂大謀

能忍者方能伺機待時，等到自己有足夠的力量與對手抗爭時才猛地反擊，定能一戰而勝。

歷來成功的從政者都知道，「忍」字是傳家寶，能忍者方能伺機待時，等到自己有足夠的力量與對手抗爭時才猛地反擊，定能一戰而勝。

春秋時期，齊國去攻打宋國，燕王為表示聯盟之意，也派張魁作為使臣，率領燕國士兵去幫助齊國。齊王卻殺死了張魁。燕王聽到這個消息後，非常氣憤，連忙召來手下文武官員說：「我要立即派軍隊去攻打齊國，替張魁報仇。」

大臣凡繇聽說後拜見燕王，勸諫說：「從前以為您是賢德的君主，所以我願意追隨您的左右。現在看來是我錯了，所以我希望您允許我棄官歸隱，不再做您的臣子。」

燕王迷惑不解地問道：「這是為什麼呢？」

凡繇回答：「松下之亂，我們的先君被俘，您對此感到非常痛苦，但卻仍能侍奉齊國，是因為力量不足啊！如今，張魁被殺死，您卻要去攻打齊國，這是不是把張魁看得比先君還重嗎？」接著，凡繇建議燕王停止發兵。

燕王說：「那我該怎麼辦呢？」

凡繇說：「請大王您穿上喪服離開宮室，住到郊外，派遣使臣到齊國，以客人的身分去請罪，說：『這都是我的罪過。大王您是賢德君主，哪能殺死諸侯的使臣呢？只有我們燕國的使臣被殺死，這是我國選人不愼啊，希望能夠讓我的使臣表示請罪。』」

燕王聽從了凡繇的建議，又派一個使臣出使齊國。

使臣到達齊國，正逢齊王在舉行盛大的宴會，參加宴會的近臣、官員、侍從很多，齊王就讓燕國使臣進來稟告，使臣說：「燕王非常恐懼，因而特派我來請罪。」使臣說完，齊王甚爲得意，又讓他複述一遍，藉以向近臣、官員、侍從炫耀。

而後，齊王讓燕王搬回宮室居住，表示寬恕燕王。燕王委曲求全，爲攻打齊國創造了時機和條件，接著又在郭槐等一大批賢才的盡力輔佐下，不斷積養實力、壯大軍威，終於在隨後的濟水之戰中打敗齊國，雪洗前恥。

如果當時燕王非要逞一時之勇，在沒有做好充分準備的情況下就去攻打齊國，很可能早就成爲刀下冤魂了。

吃得苦中苦，方爲人上人。忍常人之所不能，方能成就別人之所不能。

一位年輕人畢業後到一個海上油田鑽井隊。在海上工作的第一天，領班要求他在限定的時間內登上幾十公尺高的鑽井架，把一個包裝好的漂亮盒子送到最頂層的主管手裡。他拿著盒子快步登上高高的狹窄的舷梯，氣喘吁吁、滿頭是汗地登上頂層，把盒子交給主管。主管只在上面簽下自己的名字，就讓他送回去。他又快跑下舷梯，把盒子交給領班，領班也同樣在上面簽下自己的名字，讓他再送給主管。

他看了看領班，猶豫了一下，又轉身登上舷梯。當他第二次登上頂層把盒子交給主管時，渾身是汗，兩腿發顫，主管卻和上次一樣，在盒子上簽下名字，讓他把盒子再送回去。他擦擦臉上的汗水，轉身走向舷梯，把盒子送下來，領班簽完字，讓他再送上去。

這時他有些憤怒了，他看看領班平靜的臉，盡力忍著不發作，又拿起盒子艱難地一個臺階一個臺階地往上爬。當他上到最頂層時，渾身上下都濕透了，他第三次把盒子遞給主管，主管看著他，傲慢地說：「把盒子打開。」他撕開外面的包裝紙，打開盒子，裡面是兩個玻璃罐，一罐咖啡，一罐奶精。他憤怒地抬起頭，雙眼噴著怒火射向主管。

主管又對他說：「去泡一杯咖啡。」

年輕人再也忍不住了，「啪」的一下把盒子扔在地上，「我不做了！」說完，他看看扔在地上的盒子，感到心裡痛快了許多，剛才的憤怒似乎全釋放了出來。

這時，這位傲慢的主管站起身來，直視他說：「剛才讓你做的這些，叫做極限承受訓練，因爲我們在海上作業，隨時會遇到危險，所以要求隊員身上一定要有極強的承受力，承受各種危險的考驗，才能完成海上作業的任務。可惜，前面三次你都通過了，只差最後一點點，你沒有喝到自己沖泡的咖啡。現在，你可以走了。」

承受痛苦，壓抑了人性本身的快樂，但是成功往往就是在你承受常人承受不了的痛苦之後，才會在某個方面有所突破，實現最初的夢想。

可惜，許多時候，我們總是差那一點點……。現實生活中，讓人生氣、令人發怒的事是隨時可能發生的，但做一個有頭腦、冷靜的人，爲了追求更好的生活和工作，理智地處理各種不愉快，就需要忍氣制怒，如果不忍耐，任意地放縱自己的感情，首先傷害的是自己。如果對方是你的對手、仇人，有意氣你、激你，你無法忍氣制怒、保持頭腦清醒，就容易被人牽著鼻子走，中了人家的計。

處事不要太認眞

人非聖賢，孰能無過。做人固然不能玩世不恭、遊戲人生，但也不能太認真，頑固而不知變通。

有位智者說，大街上有人罵他，他連頭都不回，他根本不想知道罵他的人是誰。因爲人生如此短暫和寶貴，要做的事情太多，何必爲這種令人不愉快的事情浪費時間呢？

做人是一門學問，甚至是用畢生精力也未必能勘破箇中因果的大學問，多少不甘寂寞的人求原競委，試圖領悟到人生的眞諦，塑造出自己輝煌的人生。

然而，人生的複雜性使人們不可能在有限的時間裡，洞明人生的全部內涵，但人們對人生的理解和感悟，又總是局限在事件的啓迪上，比如：做人不能太認眞便是其中一理，這正是有人活得瀟灑、有人活得累的原因所在。

做人固然不能玩世不恭、遊戲人生，但也不能太認眞，頑固而不知變通。「水至清則無魚，人至察則無徒」，太認眞了，就會對什麼都看不慣，連一個朋友都容不下，把自己與社會隔絕開。鏡子很平，但在高倍放大鏡下，就成爲凹凸不平的山巒；肉眼覺得乾淨的東西，拿到顯微鏡下，滿目都是細菌。試想，如果我們「戴」著放大鏡、顯微鏡生活，恐怕連飯都不敢吃了。再用放大鏡去看別人的毛病，恐怕每個人都罪不容誅、不可救藥了。

人非聖賢，孰能無過。與人相處就要互相諒解，經常以「難得糊塗」自勉，求大同存小異，有肚量、能容人，你就會有許多朋友，且左右逢源、諸事遂願；相反地，「明察秋毫」，眼裡不揉半粒沙子，過分挑剔，什麼雞毛蒜皮的小事都非要論個是非曲直，容不得人，人家也會躲你遠遠的，最後，你只能關起門來「稱孤道寡」，成爲使人避之唯恐不及的異己之徒。

古今中外，凡是能成大事的人都具有一種優秀的品質，就是能容人所不能容，忍人所不能忍，善於求大同存小異，團結大多數人。他們極有胸懷，豁達而不拘小節，大處著眼而不會目光如豆，從不斤斤計較，拘泥於非原則的瑣事，所以他們才能成大事、立大業，使自己成爲不平凡的偉人。

不過，要眞正做到不計較、能容人，也不是簡單的事，需要有良好的修養，需要有善解人意的思維方法，需要從對方的角度設身處地，多一些體諒和理解，就會多一些寬容、多一些和諧、多一些友誼。

比如，有些人一旦做了官，便容不得下屬出半點毛病，動輒捶胸頓足、橫眉豎目，屬下畏之如虎，時間久了，必積怨成仇。想一想天下的事並不是你一人所能包攬的，何必因一點點毛病便與人鬥氣呢？倘若調換一下位置，挨訓的人也許就理解了上司的急躁情緒。

在公共場所遇到不順心的事，實在不值得生氣。素不相識的人冒犯你，肯定是別有原因的，不知哪一種煩心事使他這一天情緒惡劣，行爲失控，正巧讓你遇上了，只要不是侮辱了你的人格，我們就應寬大爲懷，不以爲意，或以柔克剛、曉之以理。總之，不能與這位與你原本無仇無怨的人瞪著眼睛較勁。假如認眞起來，大動肝火，刀對刀、槍對槍地打起來，釀出個什麼後果，那就太不得了。跟萍水相逢的陌路人認眞，實在不是聰明人做的事。另外，對方的觸犯從某種程度上是發洩和轉嫁痛苦，雖說我們沒有分攤他痛苦的義務，但確實幫助了他，無形之中做了件善事。這樣一想，也就不生氣了。

知道該做什麼和不該做什麼，知道什麼事情應該認眞，什麼事情可以不屑一顧。要眞正做到這一點是很不容易的，需要經過長期的磨鍊。如果我們明確了哪些事情可以不認眞、可以敷衍了事，我們就能騰出時間和精力，全力以赴認眞地去做該做的事，我們成功的機會和希望就會大大增加；在此同時，由於我們變得寬宏大量，人們就會樂於和我們交往，我們的朋友就會越來越多。事業的成功伴隨著社交的成功，豈非人生一大幸事乎。

第四輯

CHAPTER 4

從失敗中走向成功

消極的心態乃是造成失敗的主要原因。要想有戰勝失敗的力量和信心，必須不斷地努力、不斷地尋求，尋求更多更新的東西。

活著絕不是爲了賺錢

賺錢是為了活著，但活著絕不是為了賺錢。假如，人活著只把追逐金錢當作人生唯一的目標和動力源泉，那此人將是一種可憐的動物。

一個歐洲觀光團來到非洲一個叫亞米亞尼的原始部落。部落裡小夥子穿著白袍，盤著腿安靜地坐在一棵菩提樹下做草編。草編非常精致，吸引了一位法國商人。他想：要是將這些草編運到法國，巴黎的女人戴著這種小圓帽，提著這種草編的花籃，將是多麼具有異國風情啊！想到這裡，商人興奮地問：「這些草編多少錢一件？」

「十比索。」小販微笑著回答道。

天哪！這會讓我發大財的。商人欣喜若狂。

「假如我買十萬頂草帽和十萬個草籃，那你打算每一件優惠多少錢？」

「那樣的話，就得要二十比索一件。」

「什麼？」商人簡直不敢相信自己的耳朵。「爲什麼？」

「爲什麼？」小販生氣地說，「做十萬件一模一樣的草帽，和十萬個一模一樣的草鑑，會讓我乏味死的。」

在追逐財富的過程中，許多人忘了生命裡金錢之外的許多東西。或許，那位荒誕的亞米亞尼小販，才眞正領悟了人生的眞諦。

人們想發財，想多賺一些錢，想使自己的生活品質更高些，這不是壞事，這是人的自然、正常的欲望。只要取之有道、取之合法，不僅應該鼓勵，社會還應該爲人們創造更多的條件，以幫助滿足欲望。

快樂並非要有很多錢，這樣說並不是想勸告大家滿足於目前的生活水平，不要再去賺錢了，而是希望大家不要把錢看得太重，過於追逐。財富心是否太重，並不是依據一個人的財富數量來推斷的。例如，一個每個月只有幾百元收入的人，並不一定就意味著他的財富之心很淡薄。相反地，一個擁有千萬家財的人，也並不一定就像巴爾扎克筆下的老葛朗台那樣視錢如命、把錢看得比親情更重。

相信很多人都有這樣的體會：致富的欲望越強，隨之產生的煩惱就會越多。致富的欲望和心理的煩惱、痛苦之間，恐怕不只是成正比關係，很有可能是致富的欲望成等比級數增長的時候，心理的煩惱就成幾何級數增長。當然，這只是根據許多人的自我實際體驗，所做出的一種推斷，還未能透過定量的研究予以證實。

怎樣來判斷一個人致富的欲望是否強烈呢？我們認爲主要應該從兩個方面來：一個是目標與現實之間的距離，一個是向目標挺進時，想要達到的速度。一個人爲自己所定的致富目標與現實距離越遠，表明他的致富欲望越強。假如一個現在有十萬財產的人，他想在一年之內有二十萬，另一個人現在也有十萬財產，但他想在一年之內擁有兩百萬。再假定，兩個人致富所需要的能力和條件大致相當，那麼，前者的致富欲望低於後者，前者實現自己所定的目標的可能性遠大於後者，前者在實現目標的過程中，遭遇挫折和失敗的機率，也自然小於後者。

前者經過努力，倘若眞的在一年內賺到了二十萬，他會欣然品嚐到成功的快樂。後者在一年內可能實際比前者賺得多，或三十萬，或五十萬，或一百萬，甚至一百二十萬，但他較難獲得成功的快樂，因爲他覺得自己還沒有達到自己的目標。

致富欲望過強的人，其心理很容易被「貪」字佔據優勢地位。「貪」字是痛苦煩惱的根源之一，也可以說是禍害的根源之一。有些人爲了圓自己的發財夢，去騙人、害人，去損害他人的利益，去觸犯國家的法律，最後走上自我毀滅的道路。

許多人在賺錢之初並沒有想過，這一生賺錢的目的何在？是自己享受，抑或留給後代，或是施捨於慈善事業，造福於社會。在社會一致認同「賺錢很重要」的情況下，便開始了一生忙忙碌碌、早出晚歸、拚命賺錢的生活。殊不知，不管賺多少錢，是絕不可能帶到下一輩子的。

許多人一生忙於賺錢，到最後卻忘了或根本就不知道賺錢的初衷，將方法變爲目的，拚命賺錢，不懂得如何利用金錢使自己更幸福、更快樂、更健康，也不懂得回報社會，最後變成了金錢的奴隸，變成一個十足的守財奴。金錢對於他們來說，已完全失去意義，只是一堆貨幣符號。更有不少人，居然還會因金錢而深受其害，陷入甚至淹沒於金錢的泥沼之中。

我們不應忘記：錢是實現人生目標的方法，不要將方法變成目標，一味追逐金錢；懂得用錢，才能成爲快樂的富翁；年輕時賺錢、省錢，中年時要好好管錢，年老有錢之後卻要懂得花錢，用金錢來充實自己的晚年生活。

有人說：財富是過眼雲煙，金錢是身外之物。這的確有一定的道理，我們只要認眞想一想，就不難發現。過去有一個多數人都贊同的說法：「吃飯是爲了活著，但活著絕不是爲了吃飯。」我們同樣也可以這樣說：「賺錢是爲了活著，但活著絕不是爲了賺錢。」假如人活著只把追逐金錢作爲人生唯一的目標和動力源泉，那人將是一種可憐的動物。這等於自我貶低人生存在的價値和意義。

與人分享你的財富

試著做一些善意的事情以及美好的事情。能與別人一起分享你的財富，你將讓這個世界變得更加美好。

《馬太福音》中有一個關於三個僕人的寓言故事：

有一個人在長途旅行前叫來他的三個僕人，他給了第一個人一萬元，第二個人四千元，第三個人兩千元。就這樣，他把自己的財產交給了這三個僕人看管。得到一萬元的那個僕人，將得到的錢進行了投資，進而使總金額增加了一倍；得到四千元的僕人也如此行事；而第三個僕人則挖了一個洞，將他的兩千元埋了起來。

主人回來後又把他們召集在一起，讓他們彙報各自的帳目。前兩個僕人分別向主人報告為兩萬元和八千元，於是主人說道：「我善良、忠誠的僕人，你們做得不錯。你們在管理小額金錢方面顯示了才能和忠心，因此我要讓你們管理更多的錢。來，和我一起分享我的快樂！」

第三個僕人則向他的主人解釋說他很害怕，所以把錢埋在了地下。主人對此的回應是：「現在我要從他這裡把錢拿走，交給那個手上有兩萬元的，讓他擁有更多；而對那一無所有的人，就連他僅有的一點點也要奪過來。」

如果你照管不好你已有的東西，那麼你就將失去它。與金錢相伴的，應是恰當地使用它，並使之肩負起爲所有人造福的責任，這樣金錢就可以成爲寶貴的工具。

那麼，爲什麼那麼多品德高尚的人，放棄掌握金錢的權力，不去追求他們想要的東西？還有，爲什麼人們總是抱怨生意場上道德淪喪，卻又袖手旁觀，不去努力改變呢？

最近我在一篇文章中讀到比爾．蓋茲——這位全世界最富有的人，打算在下一個十年中賺更多的錢，然後全部捐獻出來。我不知道這是眞還是假，是否眞有其事。不過請設想一下，如果比爾．蓋茲眞的這麼做了，他這位慈善家將會對這個世界產生多麼大的影響啊！

透過金錢的力量，你也可以對人類產生巨大的影響。如果有更多善良的人們，願意利用金錢爲所有的人帶來更多的利益，進而收回他們曾放棄的力量，那麼他們將能夠比以前，比他們對金錢嗤之以鼻並稱金錢爲萬惡之源時，成就得更多。

一位著名的高爾夫球選手，有一次贏得一場錦標賽，領到支票，他微笑著從記者的重圍中出來，到停車場準備回俱樂部。這時候一個年輕的女子向他走來表示祝賀，然後又說她可憐的孩子病得很重，也許會死掉，而她卻不知如何才能支付起昂貴的醫藥費和住院費。

高爾夫球選手被她的講述深深打動了，他二話不說，掏出筆在剛贏得的支票上飛快地簽了名，然後塞給那個女子。「這是這次比賽的獎金，祝那可憐的孩子走運！」他說道。

一個星期後，高爾夫球選手正在一家鄉村俱樂部進午餐。一位職業高爾夫球聯合會的官員走過來，問他一週前是不是遇到一位自稱孩子病得很重的年輕女子。高爾夫球選手點了點頭。

「哦，對你來說這是個壞消息，」官員說道，「那個女人是個騙子，她根本就沒有什麼病得很重的孩子。她甚至還沒有結婚哩！你被她給騙了！」

「你是說，根本就沒有一個小孩子病得快死了？」

「根本就沒有。」官員答道。

這位高爾夫球選手長吁一口氣：「這眞是我一個星期來聽到的最好的消息。」

每個人都不可能不在意金錢，但金錢有時並不能解決問題。這位善良、高尚的選手，並不以錢的損失而生氣，而爲沒有受苦受罪的孩子而釋懷。不知你讀了這個故事有何感想。

當你實現的夢想不僅僅是爲了自己，而且也是爲了別人的時候，你就會有更多的成就感。這不僅是因爲你自己得到了發展，可以賺到更多的錢，更重要的是無論你是雇員還是企業家，當你培養了一種爲他人服務的處事態度，你就會與眾不同，就會成就更大的事業。爲他人服務的態度正是我們所缺少的東西，而正是這種東西可以讓你無比富有。

或許你也聽過這個說法：「付出是它自己的回報。」這當然是眞的，而且比任何理由更值得付出。付出還有一面可能會讓人認不出來——付出是一種精力，不但幫助了他人，還爲付出的人創造了更多。這是一條眞實的自然法則，不論付出的人是否想要什麼，或明白究竟發生了什麼事。

如果你想要用愛或其他有價值的事物充實人生，也是同樣的道理。付出和回收是一體的兩面。如果你想要更多的愛、樂趣、尊重、成功或任何東西，方法很簡單：付出。不要擔心任何事情，「人在做，天在看」，你所付出的一切都會帶著利息一起回來！

與別人分享你的財富，給予是至關重要的。前人種樹，後人乘涼，你擁有的越多，你可以與別人分享的就越多。有時候我們不讓自己擁有我們想要的一切，因爲我們不想

寫好人生的腳本

使別人尷尬，不想把別人甩在我們身後。然而，事實上，如果你得到了自己想要的一切，並且和別人一起分享你成功的經驗，使他們與你一樣富有起來，這才是眞正對他們好。如果你和其他人一樣原地不動，那麼你誰也幫不了。

約翰·伍登說過：「**為那些永遠不能報答你的人做些事，你的每一天會過得更加完美。**」無意識的善意行爲將快樂傳播；當你自己感到愉快時，你也就能和善地對待別人。如果你不能使別人快樂，你自己也不會快樂。透過與別人一起分享你的財富，你將讓這個世界更加美好。

瀟灑對待金錢就能延長生命

現實生活中，沒有錢什麼事情也辦不好，然而，有了錢卻不去控制消費，也是一文不值。

正如托爾斯泰所言：**「財富就像糞尿一樣，堆積時會發出臭味，散佈時可使土地變得肥沃。」**

美國石油大王洛克菲勒出身貧寒，在他創業初期，人們都誇他是個好青年。當財富像火山流出岩漿似的流進他的口袋裡時，他變得貪婪、冷酷。深受其害的賓夕法尼亞州油田地方的居民，對他深惡痛絕。有的受害者做了他的木偶像，親手將「他」處以絞刑，或亂針紮「死」。無數封充滿憎惡和詛咒的威脅信，湧進他的辦公室。連他的兄弟也十分討厭他，特意將兒子的遺骨從洛克菲勒家族的墓地遷到其他地方，他說：「在洛克菲勒支配下的土地內，我的兒子變得像個木乃伊。」

由於洛克菲勒為金錢操勞過度，身體變得極度糟糕。醫師們終於向他宣告一個可怕的事實，以他身體的現狀，他只能活到五十多歲，並建議他必須改變拚命賺錢的生活狀態，他必須在金錢、煩惱、生命三者之中選擇其一。這時，離死不遠的他，才開始體悟到是貪婪的魔鬼控制了他的身心，他聽從了醫師的勸告，退休回家，開始學打高爾夫球，到劇院去看喜劇，還常常跟鄰居閒聊，經過一段時間的反省，他開始考慮如何將龐大的財富捐給別人。

開始的時候，人們不願接受他的捐贈，即使是自視爲寬容大度的教會，也曾把他捐贈的「髒錢」退回，但誠心終歸能打動人，漸漸地，人們接受了他的誠意。

然而，找他捐錢的人太多了；無論早晨或夜晚，無論是上班時間還是用餐時刻，都會有人來請他捐錢。有一次，在一大筆捐款之後，一個月內請求捐助的人數竟超過五萬人。由於洛克菲勒要求每一筆捐款都必須有效地使用，所以每一件申請案均須經仔細調查。面對那麼多的求助者，他急得跳腳。

他的助手蓋茲提出忠告：「您的財富像雪球般，越滾越大。您必須趕緊散掉它，否則，它不但會毀了您，也會毀了您的子孫。」

洛克菲勒告訴蓋茲：「我非常瞭解。可是請求捐助的人實在太多了，但我一定要先弄清楚他們的用途才肯捐錢。我既無時間也無精力去處理此事，請你趕快成立一個辦事處，負責調查事宜。我根據你的調查報告採取行動。」

於是，在一九〇一年，設立了「洛克菲勒醫藥研究所」；一九〇三年，成立了「教育普及會」；一九一三年，設立了「洛克菲勒基金會」；一九一八年，成立了「洛克菲勒夫人紀念基金會」。

哲學家史威夫特（Dean Swift）說過：「**金錢就是自由，但是大量的財富卻是桎梏。**」洛克菲勒深諳這個道理，他一生之中共捐了多少錢，沒有人清楚，他的捐助，不是為了虛榮，而是出自至誠；不是出於驕傲，而是出自謙卑。

他後半生不做錢財的奴隸，喜愛滑冰、騎自行車與打高爾夫球。到了九十歲，依舊身心健康，耳聰目明，日子過得很愉快。

他逝世於一九三七年，享年九十八歲。他死時，只剩下一張標準石油公司的股票，其他的產業都在生前捐掉或分贈給繼承者了。

鋼鐵大王安德魯·卡內基也說：「一個人死的時候還極有錢，實在死得極可恥。」

要有合於時代的金錢感覺，即合理地支配你所擁有的錢財。

在《贏家的強運法則》一書中，作者這樣寫道：這句話說來容易，實際做來卻有困難，因為人對事情的想法和創意，多多少少曾受限於生長的環境，所以雖然知道，卻不容易做到。

因此，我要告誡大家一個基本的哲學命題：**做金錢的主人，不要做它的奴僕！**

換句話說，不要被金錢束縛，單是這個基本的想法，就值得跨越任何時代而銘記在心。我們雖然難以達到洛克菲勒的境界和卡內基所說的標準，但身爲普通人的我們，卻也可以在金錢的植培裡，活出自己的方法。

誠如托爾斯泰所說的那樣：**錢只有在使用時，才會產生它的價值，如果放著不用，就根本毫無意義。**

讓金錢爲我所用，爲人所用，不要成爲不肯花錢的可憐的守財奴，這樣的人生才能痛快瀟灑！

幽默是自我保健的「心理按摩」

幽默是生命無形的「保護閥」，也是自我保健的「心理按摩」。

據說，在一項對英國婦女的調查中，有一條是：你理想的男人應該具備什麼條件？大多數婦女的答案，不是金錢、名譽、地位、相貌，而是幽默和智慧。可見幽默被放在了舉足輕重的地位。只要是有一定生活閱歷的人，都會對英國婦女的選擇點頭稱是。

幽默，作爲一種精神現象，是人類智慧和文明的產物，也是一種受人喜愛的個性才情。

有不少世界名人，善於運用幽默的語言行爲來處理各種關係，化解矛盾，制止不文明的行爲，消除敵對情緒。他們把幽默作爲一種無形的保護閥，使自己免受緊張、不安、恐懼、煩惱的侵害。

林肯是美國歷屆總統中最富有幽默感的人，被人稱爲一代幽默大師。

有一天，林肯正要上床休息，有人打電話來請示他：「稅務主任剛剛去世，能否讓我來接替稅務主任的職務？」

林肯當即回答說：「如果殯儀館同意的話，我個人不反對。」巧妙地拒絕了對方。

林肯有一次在演講時，有人遞給他一張紙條，上面只寫了兩個字：「笨蛋。」他舉著這張紙條鎮靜地說：「本人收到過許多匿名信，全都是只有正文，不見署名，可是剛才那位先生正好相反，他只署上了自己的名字，忘了寫內容。」

英國作家狄更斯，是十九世紀幽默故鄉——英國——出現的一代幽默大師。

有一次，狄更斯正在江邊釣魚，一個陌生人走到他面前，問道：

「怎麼？你在釣魚？」

「是啊！」狄更斯毫不遲疑地回答，「今天釣了半天，沒見有一條魚，可是昨天也是在這個地方，卻釣到了十五條魚！」

「是嗎？」陌生人又問，「那你知道我是誰嗎？我是專門查緝釣魚的，這裡是嚴禁釣魚的！」

說著，那陌生人從口袋裡掏出罰單，要記下名字罰款。見此情景，狄更斯連忙反問：「那麼，你知道我是誰嗎？」

當陌生人驚訝之際，狄更斯直言不諱地說：「我是作家狄更斯。你不能罰我的款，因爲虛構故事就是我的職業。」

卓別林是眾人皆知的幽默大師。

有一天，卓別林帶著一大筆錢，騎車駛往鄉間別墅。半路上遇到一個強盜，拿著手槍逼他交出錢來。卓別林答應了，但是懇求他：「朋友，請幫個小忙，在我的帽子上打兩槍，我回去好向主人交代。」

強盜摘下卓別林的帽子打了兩槍，然後把帽子扔給了他。卓別林又說：「請您把我的衣襟再打兩個洞吧！」

強盜不耐煩地扯起卓別林的衣襟打了幾槍。卓別林又央求強盜再把他的褲腳打幾槍，強盜連扣幾下，但不見槍響，原來沒有子彈了。

卓別林一見，趕忙拿了錢，跳上車子飛也似的跑了。

幽默不僅有利於開拓人生，化解矛盾，而且還有利於心理和生理保健。英國著名化學家法拉第晚年常患頭痛，四處求醫，無濟於事。後來，一位醫生發現，法拉第的頭痛乃因工作勞累、精神緊張所致，就替他開了一張處方，上面寫著：「一個丑角進城，勝過一打醫生。」法拉第心領神會，此後便常去看喜劇。喜劇丑角的幽默表演，使得他情不自禁地哈哈大笑。過沒多久，他頭痛的毛病就逐漸痊癒了。

眾所周知，馬戲表演發生意外，會造成觀眾的不滿和慌亂，傳統的辦法是讓小丑出場安慰觀眾的情緒。這說明幽默不但具有緩解壓力的作用，同時也具有保健治病的功能。

傳說清朝有位八府巡按，長期患一種精神憂鬱症，看了許多醫生都未見效。一天，他因公坐船經過山東台兒莊，忽然發病，地方官員即推薦一位當地有名的老醫生為他治病。

醫生診脈後說：「你患了月經失調症。」巡按一聽，頓時大笑，認為他是老糊塗了。以後他每想起此事，就會大笑一陣，天長日久，他的病竟然好了。過了幾年，巡按又經過台兒莊，想起那次發病之事，特意來找老醫生，想取笑一番，老醫生說：「你患的是精神憂鬱症，無什麼良藥可治，只有心情愉快，才能恢復健康，我是故意說你患了『月經失調症』，讓你常發笑。」

從生理角度講，人的大腦皮層有個「快樂中樞」，那種令人覺得有趣或可笑的幽默，正是其最佳刺激源之一。這個「快樂中樞」接受適宜的刺激後呈興奮狀態，能使人置身於「愉快運動」之中，在身體內發生一場化學變化，進而啓動人體機能，洗刷生理疲勞和精神倦怠，改善體內循環，促進免疫功能。

幽默的功能是多方面的，作用是積極有益的，效果是健康愉快的。它爲人們調整自己以適應或改變環境提供了一條重要途徑。難怪有人說幽默是生命無形的「保護閥」，也是自我保健的「心理按摩」。

今天，幽默以多種形式進入人類的生活領域，已經成爲現代文明人的重要素質之一。人們崇尚幽默這種處世藝術，是一種文明，是一種進步。

當我們遇到形形色色的壓力，諸如不安、焦慮、苦惱、鬱悶、痛苦時，別忘了「一個小丑進城，勝過一打醫生」這句名言。

失敗了也要昂首挺胸

人不可能永遠都是成功者，人也不可能永遠都是失敗者。面對失敗，人們會從中吸取很多教訓，為下一次成功打下基礎。

面對失敗者，我們也不要苛求，應該給予更多的信任與支援。善待失敗者是對失敗的最大鼓勵。

巴西足球隊第一次贏得世界盃冠軍回國時，專機一進入國境，十六架噴射戰鬥機立即爲之護航，當飛機降落在道加勒機場時，聚集在機場上歡迎者達三萬人。從機場到首都廣場不到二十公里的道路上，自動聚集起來的人群超過了一百萬。多麼宏大和激動人心的場面！然而，前一屆的歡迎儀式卻是另一番景象。

一九五四年，巴西人都認爲巴西隊能獲得世界盃賽冠軍。可是，天有不測風雲，在準決賽中巴西隊卻意外地敗給法國隊，結果那個金燦燦的獎盃沒有被帶回巴西。球員們悲痛至極。他們想，去迎接球迷的辱罵、嘲笑和汽水瓶吧，足球可是巴西的國魂。

飛機進入巴西領空，他們坐立不安，因爲他們的心裡清楚，這次回國凶多吉少。可是當飛機降落在首都機場的時候，映入他們眼簾的卻是另一種景象。巴西總統和兩萬名球迷默默地站在機場，他們看到總統和球迷共舉一條大橫幅，上面寫著：失敗了也要昂首挺胸。

隊員們見此情景頓時淚流滿面。總統和球迷們都沒有講話，他們默默地目送著球員們離開機場。四年後，他們終於捧回了世界盃。

屢敗屢戰，敗中求勝

只要你希望它變好，再壞的事情都是有辦法改善的。

許多人並沒有因遭遇不幸而自暴自棄。美國加州一位模特兒在一九八〇年出車禍，摔斷了她作為最大本錢的兩條腿，她並沒有因此而感到人生無望，而是充滿信心地來關懷周遭的事情。

當她以輪椅代步時，發覺所使用的輪椅很不方便，就找了兩位從事工程技術的朋友改良其功能，將它變成非常好用的輪椅，並推銷給殘疾者使用。才不過兩、三年，她的公司已經成為加州成長最快的公司，這是許多人想不到的。

這告訴我們：周遭所發生的事情，有時並沒有想像的那麼壞，只要你希望它變好，再壞的事還是有辦法改善的。

美國總統林肯二十一歲時經商失敗，二十二歲參選州議員落敗，二十四歲時經商又失敗，二十六歲喪妻，他傷心得幾乎神經衰弱。他到四十九歲時，前後共參加十次競選失敗，但他並不氣餒，五十二歲，終於當選美國總統。

日本本田汽車創始人本田在他的傳記中寫著：「我的人生是失敗的連續。」假如他不努力，絕對無法從一位修理腳踏車的小工，變成爲世界著名汽車廠的老闆的。

戰勝疾病，讓今天活得更有價值

你追求的層次越高，往往遇到的艱辛、挫折也越大。因此，在你邁開奮鬥的步伐時，必須準備一根「精神手杖」。

有一個美國人，在四十三歲時發現罹患了癌症。初時怨恨、眼淚、詛咒、孤獨、絕望、自殺念頭等都有過，但是沒過多久，他沉靜了下來。他將「淚泉」變爲「甘泉」，將「血雨」化成「春雨」，直視人生的厄運。他看遠方的落日、樹林的音響、棲息的鳥兒，勤勞的農夫……。大自然使他增添了生活的勇氣。在家庭聚會上，他對妻子和兩兒兩女說：「我要盡可能地活下去，我已從今天起接受化學治療。我希望你們幫助我，讓我能有勇氣面對這個不治之症。我們都不願意死去，但也不要害怕死亡，我們仍可創造幸福美好的明天。」

他振作起精神，將自己的感覺寫成文章：「我詛咒怎麼會有這樣一個上帝，祂會讓如此痛苦的事情在我身上發生。而現在，我再也不會怨天尤人了。當我在夏夜裡聽到一個孩子的哭聲時，當我發現周圍人們的善意時，當我把手放在胸前感受心臟的跳動時，我知道，這就是生活，而我就是生活的一部分。我知道自己非常幸運，我有一個對我體貼入微的妻子，我知道會有美妙的事情在我們之間發生，我知道我們就是生活奇蹟的一部分。」

之後，他發起組織一個特殊的集會，有十八名癌症患者每月相聚一次，幫助彼此擺脫心理上的陰影，愉快地去贏得新的生命。他們共同尋求解決問題的方法，盡可能爭取多活些時間。他將這個機構定名爲：「讓今天更有價值」。

學會放棄，才能獲得更好的生活

生活中並沒有絕對的對與錯，所謂的對與錯，通常取決於你的價值取向。

我們必須在紛繁瑣碎中學會搜索與選擇，如果我們不喜歡某個選擇或結果，就應該立刻摒棄，重新進行新一輪的選擇，並獲得新的結果。

瑪西．卡塞爾是美國電視史上最成功的節目製作人之一。她從一九八〇年開始自行製作節目，次年，湯姆．溫勒加入，他們合作無間，創造出《天才老爹》的高收視率，這是美國播出最久的電視連續劇，其他如《焰火下的魅力》、《來自太陽系的三次元》等，也好評如潮，獲得多次大獎。她這樣闡述她的成功之路：

在紐約，我找到一份工作，是在ABC國家廣播公司做參觀講解員。這棟大樓是一個野心家的溫床，許多人不擇方法地想要得到往上爬的機會。很幸運地，我幾個月後就升任《今夜》節目製作助理，然而，我並不太喜歡這份工作，大多是做一些辦公室的雜務，回覆影迷的來信之類的。

我開始轉變事業方向，到一家廣告代理公司的電視部門工作。我知道自己對廣告工作是毫無興趣的，然而，這卻是一種很不錯的鍛鍊機會。我們這組一共有三個人，平日的工作說起來有點像間諜，每天要觀察哪個頻道的哪個節目收視率最好，然後仔細分析節目的分鏡時段、製作素質，向客戶提交一份完整的報告，最後建議最佳廣告時段，而我提出的建議大部能得到客戶的肯定。但是，我始終知道，我的興趣在製作電視節目。

在好萊塢，我認識了正要開設製作公司的羅吉，他有堆積如山的劇本，需要有人幫忙審核。我決定爭取這份工作，答應先免費幫助他看那些劇本，直到他願意聘請我爲止。我成功了。我在這家公司做了好幾年，然而我喜歡的事業還是沒有半點蹤影。直到有一天，我聽說ＡＢＣ美國國家廣播公司想要找一些有才氣、有創意的人，一起組成龐大的製作群，共同經營頻道，我立即前往應聘。我坦白地告訴面試主考官伊塞，我已經懷有三個月的身孕，如果他覺得應該延長對我的考察，直到小孩出生以後的話，我沒有意見。沒想到他卻說：「我太太和我也有一個嬰兒，可是我回到崗位繼續工作，妳呢，是不是也要和我一樣？」最後，他聘用了我。

我眞的欣喜若狂，因爲終於可以接觸到電視工作的核心。當然，對我來說，這也是一個「如臨深淵，如履薄冰」的地方，我雖然有一點小聰明，但是卻沒有能力處理辦公室裡的人事鬥爭，在這裡，每個人不是迅速升職，就是被迅速開除。我沒有被開除，我在ＡＢＣ工作七年，離職前，我的頭銜是「黃金時段節目製作資深副總經理」。

我們不斷製作十分有趣、充滿活力和不同風格的節目，但多年後，那種充滿創意的環境在慢慢消失，我覺得是自己離開ＡＢＣ的時候了，我要自己創辦一家電視製作公司。

我們決定不受外界干擾，在沒有製作出一個我們覺得品質不錯的節目之前，絕不輕易推出上檔。我們一共花了三年時間，才推出一系列成功的喜劇——《天才老爹》，一播就播了八年，在一九八八年至一九九九年期間，我們還創下了其他製作公司望塵莫及的成績：同時擁有三個成功的電視節目——《天才老爹》、《羅絲安娜》和《不同的世界》。

這條成功之路比較長，其實特點就是不斷換工作，包括放棄一些令人羨慕的職務，如「ＡＢＣ」黃金時段節目製作資深副總經理，最後自己創業。這是一條風險很大的路，但有能力的人，不妨試一試。

「水往低處流是為了積水成淵；降落是為了新的起飛，所以我喜歡一次次將自己打入谷底。」這是北京小王府飯店老闆王勇在一次媒體採訪時的一段經典語錄。他的職業生涯確實也證明了他的「放棄」與「再次起飛」哲學的正確。請看他的自述：

「我是一九八七年從大學畢業的，學的是外貿英語專業。畢業後第一份工作是在公家機關上班。那是一份很安逸、令很多人羨慕的工作。可是沒多久，我就很苦惱。一成不變的日子，讓我感到很壓抑，我不甘心自己的熱情被一點點地吞噬。

「苦惱歸苦惱，但是眞要作出抉擇，還是要下很大決心的。因爲生活在體制中，它會給人一種安全感，雖然這種安全感是要付出代價的。

「在猶豫不決中過了三年後，我終於下決心離開，因爲如果再耗下去，我可能就會失去離開的決心和重新開始的信心。」

這在當時來講，無疑是瘋狂而沒有理智的表現。因爲他的辭職無疑於把自己打到了最底層：一個工作沒有固定工資，沒有任何社會保障的境地。

不久，他去了一家在北京的英商。上班的第一天，公司負責人將王勇喊到辦公室，將兩盒印有他名字的名片和一張機票交給他說：「公司派你去上海開闢市場，你明天就走。」

他一下就傻了，沒想到剛上班，就給了他這麼一個艱巨的任務，而且老闆說：「你什麼時間把上海市場打開了，什麼時候回來。」換言之，他沒有退路了。人就是這樣，當知道自己沒有退路，反而會激發出連自己都難以相信的能量。在上海的那兩年，是很辛苦的兩年。

從上海回來後，王勇又跳槽去了一家生產航空發動機的美商，做高級業務代表。每天，工作累了，王勇就會俯身在窗前，看馬路上川流不息，像甲蟲一樣的車輛，看像螻蟻一樣的人流。有時看著看著，他會突然莫名其妙地發呆，產生一種失落感。雖然他在這家公司已經做到了高級業務代表，只要繼續努力，職務還會升遷。但是他感覺到做得再好，這裡也不屬於他。這個舞臺是別人的，在這個舞臺上，自己只是一個匆匆的過客。可是，哪裡才是屬於自己的一個舞臺呢？

王勇又開始苦惱。

一天，他仍像往常一樣站在窗前胡思亂想。他的目光不經意地落在樓下那片自行車停車場上，他看見不斷有人推著自行車過來，又不斷有人推著自行車離去。於是他突然冒出一個想法：何不將那片場地租下來呢？於是，王勇又辭去了第二份工作，開起了京城第一家「北京王師傅租賃自行車店」。

王勇的自行車租賃業務做得很好，不到一年就開了兩家自行車租賃連鎖店，一共有六百多輛自行車。後來由於自行車連鎖業務的再拓展有很多難處，王勇便再次放手，轉行做起了現在的餐飲行業，又創造了一次事業頂峰。

一九九八年，任賢齊的一曲〈心太軟〉，幾乎是在一夜之間就紅遍了大江南北。我想，此曲的成功最主要的一點，就是他在近似於旁詰問的語言中，唱出了一句能引起所有談過戀愛人心靈共鳴的警語：「該放就放，再想也沒有用……」而二〇〇〇年的〈好漢歌〉又是大紅大紫，其中的一句「該出手時就出手」，又成了人們反覆傳唱，百遍不厭的新詞。一面是「該放就放」，另一面就是「該出手時就出手」，兩句原本沒一絲關連的歌詞如果接在一起，卻唱出了足以讓疲憊的人生擺脫低谷的豁達之法。

牢記每一次教訓，永不再犯

人生的每一種經歷，都是一筆財富，就看你如何去體會，如何去理解。」
「摔倒了就要爬起來，但別忘了再抓起一把沙子。」

有一個獵人，捕獲了一隻能說七十種語言的鳥。
「放了我，」這隻鳥說，「我將給你三條忠告。」
「先告訴我，」獵人回答道，「我發誓我會放了你。」
「第一條忠告是，」鳥說道，「做事後不要懊悔。」
「第二條忠告是：如果有人告訴你一件事，你自己認爲是不可能的就別相信。」
「第三條忠告是：當你爬不上去時，別費力去爬。」
然後鳥對獵人說：「該放我走了吧！」獵人依言將鳥放了。
這隻鳥飛起後落在一棵大樹上，並向獵人大聲喊道：「你眞愚蠢。在我的嘴裡有一顆價值連城的大珍珠，正是這顆珍珠使我這樣聰明。」
這個獵人很想再捕獲這隻放飛的鳥。他跑到樹下並開始爬樹。但是當爬到一半的時候，他掉了下來並摔斷了雙腿。鳥嘲笑他並向他喊道：「笨蛋！我剛才告訴你的忠告你全忘記了。我告訴你一旦做了一件事情就別後悔，而你卻後悔放了我。我告訴你如果有人對你講你認爲是不可能的事，就別相信，而你卻相信像我這樣一隻小鳥的嘴中，會有一顆很大的珍珠。我告訴你如果你爬不上去，就別強迫自己去爬，而你卻追趕我並試圖爬上這棵大樹，結果掉下去摔斷了雙腿。

「這句箴言說的就是你：『**對聰明人來說，一次教訓比蠢人受一百次鞭撻還深刻。**』」說完，鳥就飛走了。

有一個高中畢業生，在聯考時由於發揮失常，名落孫山。面對聯考落榜的現實，他感到非常沮喪，甚至對生活失去了熱情。這時，老師看到了他的狀況，便對他說：「人生就是這樣。快樂自然令人嚮往，痛苦也得承受，這是眞實的人生之途。你不必爲一次的失敗而煩惱。其實，人生的每一種經歷都是一筆財富，就看你如何去體會，如何去理解。」最後他又語重心長地對這名學生說：「摔倒了就要爬起來，但別忘了再抓起一把沙子。」

學生聽懂了，也記住了老師的話。以後每當他遇到挫折時，他就會想起「摔倒了就要爬起來，別忘了再抓起一把沙子」這樣一句話，並從中吸取教訓，鼓起勇氣，邁向一個又一個新的目標。

牢記人生旅途中的每一次教訓，可以激發我們追求勝利的強烈欲望。

美國著名大律師丹諾，生於俄亥俄州的金斯曼。他的成功之路，可以說是與一次不公平的對待息息相關。

在丹諾五歲的時候，一位小學的女教員因爲他坐在椅子上不安分地動個不停，擰了他的耳朵，而且是在班級裡當著許多學生的面擰他的耳朵，這使他感覺自己受到了一種莫大的羞辱。在他回家的路上，丹諾哭個不停。他開始憎恨殘酷的暴力和不公正，並發誓一生都要記住這個教訓，並爲此而抗戰。

丹諾是一個能夠記住自己的教訓和誓言的人，在後來的人生道路上，他始終爲這個五歲時許下的誓言而奮鬥。一八七八年，他終於以出色的表現獲得了律師資格。三十七歲任芝加哥和西北鐵路法律顧問，但在美國鐵路工會大罷工時，他離開西北鐵路反而爲工人辯護。以後也多次爲勞工案件進行辯護。人們都稱頌他是一個仗義之士、革命者、叛逆鬥士，他是被壓迫者的福音。

丹諾的第一次代理案件，至今還被俄亥俄州的老百姓所傳頌著。這樁辯論激烈的案件，卻只是爲了一套僅值五元的舊馬鞍，或許有人會認爲這是一件不值得的事情，可是丹諾認爲這牽涉到一個原則性問題，不公平的待遇使他受過那種難以名狀的心靈壓抑，而且他也始終認爲，這種不公正伸出來的醜惡的利爪，具有很強的伸縮本性。於是他要與之抗爭。委託人員只願爲此案出五塊錢的訴訟費，丹諾還是心甘情願地承接了下來，並在以後的過程中，盡職盡責，努力爭辯，據有資料記載，這樁五塊錢的案件前前後後經過了七個法庭，爭辯了整整七年，直到丹諾一方取得了勝利。

不長記性的獵人被小鳥嘲笑了，牢記「摔倒了就要爬起來，別忘了再抓起一把沙子」的年輕人以及大律師丹諾，卻活出了滋味、活出了自己的風采。你呢?!

讀書使人生更完美

讀書，是你事業的必勝之路，是你走向成功的鑰匙，是最佳的精神寄託。

當我們研究成功人士走過的軌跡時，常常發現：他們的成功一直可以追溯到他們拿起書籍的那一天。並且在他們事業成功之後，一直以讀書為一種最佳的休閒活動。

在我們接觸過的事業成功人士之中，大多數都酷愛讀書——自小學開始，經由中學、大學，以至於成年之後。

區別成功人士和普通人最簡單的方法，就是前者喜歡讀書。成功人士的閱讀興趣始於小學（不限於學校指定的功課），直至中學、大學，以至今後。

大約有四分之三的成功人士在小學和中學時讀過的書，是其他人無論如何也趕不上的。有60％左右的成功人士在大學時看的書，超出同班的人很多。

時至今日，這些成功人士的年平均閱讀量，也在二十本書上下，小說與文學傳記各占一半，高出一般人很多。

也許，你對教育工作者在過去的十二個月平均閱讀二十五本書，並不感到驚訝，還認爲是理所當然的；可是，如果是在同一時期，成功人士也閱讀了十五本或二十本書，你又有何感想呢？

對於那些成功人士，一年要閱讀的書平均起來每人大概是二十本左右，或每三週至少看一本書，他們閱讀的內容包括了十本小說類的書、十本傳記文學類的書，這就說明有半數以上的成功人士都有很大的閱讀量。

事實上，有19％的成功人士說他們一年至少要閱讀二十六本書，這些書中小說類與傳記文學類各占一半。

雖然有很多成功人士都列出了不同的愛好及家庭的活動，作爲他們最喜愛的休閒娛樂，但是至今爲止，閱讀仍是最流行的一種消遣方式，這並沒有什麼可讓人驚訝的，因爲成功與閱讀之間具有互補的作用，但是，成功人士到底是如何進行讀書計畫呢？

書雖然是一種沒有聲音的東西，但是它對人類的影響卻是非常深遠的，如果定期閱讀了各種成功人士的傳記，吸收了書中的成功人士的經驗之後，你就會從他們的成功之中預見自己的成功。

俄國著名的學者赫爾岑說過：**「書是和人類一起成長起來的，一切震撼智慧的學**

說，一切打動心靈的熱情，都在書裡結晶形成。」

生命是一個過程，人生也是一個過程，你的讀書生涯更是一個過程。既然是過程，若比喻為一段旅程，那麼便會有起點和終點；若說成一件事，那麼便會有開始、發展和結束。無論你所處的時代如何、背景如何、環境如何，這個過程都貫穿始終，無一例外。

書籍是一種工具，它能在黑暗的日子裡鼓勵你，使你大膽地走入一個別開生面的境界，使你適應這種境界的需要。

讀書，是你事業的必勝之路，是你走向成功的鑰匙，是最佳的精神寄託。

生命的腳本靠自己去寫

在每一個人的內心深處，多少都隱藏了一些「自毀」的傾向，這種內在情緒的衝動，常常會驅使一個人做出危及自己的行為。

你一定聽過「自討苦吃」、「自找麻煩」、「搬石頭砸自己的腳」、「自作孽，不可活」等等諸如此類的話，這些都是在描述一個人所犯的錯誤，結果把自己逼往失敗的境地。

仔細想想，包括我們在內的每一個人，一不小心，好像難免都會犯以上的錯誤，只不過是程度嚴重與否的問題。無怪乎有句話形容：「自己才是自己最大的敵人」，因爲我們總是不斷地用各種方法「迫害」自己。

心理學家分析指出，其實，在每一個人的內心深處，多少都隱藏了一些「自毀」的傾向，這種內在情緒的衝動，常常會驅使一個人做出危及自己的行爲。譬如，有人整天絮絮叨叨，看什麼事都不順眼，動不動就抱怨這個、抱怨那個，好像所有的人都對不起他；還有的人，生活漫無目標，整日無所事事，只會嫉妒別人的成就，自怨自艾爲什麼好運永遠不會落在他的頭上。此外，還有的人嗜酒如命、耽沫於藥物、貪財成性、飲食不知節制、浪費成癖、縱情聲色等等，這些都稱得上是自毀行爲。

我們常常把失敗的原因歸咎於別人，其實，很多問題都是出在自己身上，很多麻煩都是自找的。每個人在先天性格上都有一些缺陷，只是我們不願承認失敗是出於自己的缺點，這種「不願當輸家」的防衛心理，很容易讓人理解，但如果我們對自己的缺點渾然不覺或者不知反省，結果就會把自己一步一步推向輸家的角色。

美國心理學家安德魯．杜柏林就提出警告，如果你出現了下列症狀，而且病況嚴重，就注定要成爲輸家。

(1)活在自欺當中。這種人只知道活在過去，死抱著以前做事、生活的方式不放，沒有心思注意眼前的事實。

(2)不斷地仰賴別人的掌聲或贊許才能生存，才能去克服內心深處的自卑感。

(3)馬失前蹄。在壓力越大的時候，表現越不理想，變得非常緊張，容易放不開。

(4)虎頭蛇尾。做任何事從來不堅持到底，也不夠專注，總是找藉口減輕責任。

(5)輕諾背信。動不動就撒手走人，留了一堆爛攤子讓別人收拾殘局。

(6)單打獨鬥。愛做獨行俠，一碰上團隊合作就束手無策，心生抗拒。

(7)嫉妒心重。見不得別人比自己好，動不動就吃醋。
(8)自制力差。按捺不住內心的衝動，而且老是故態復萌。
(9)逃避問題。習慣當鴕鳥，不論任何大小問題，一概視若無睹。
(10)渴望被別人喜愛，而且不計代價地處處討好別人。
(11)恩將仇報。對有恩於你的人不知感激，甚至反咬對方一口。

生命的腳本可由演出者的主觀意志加以改變。每個人天生的性格固然會影響他的行爲模式，但即使你的輸家腳本是與生俱來的，你也可以決定不再依賴這種腳本過日子。問題是，你願不願意正視你的缺陷，改變你的自毀行爲，不再繼續自討苦吃。

想要不再與自己爲敵，並且停止迫害自己，就要找出和解的方法。當然，要革除多年的自毀習慣，絕非一蹴可成，必須持之以恆的努力。重要的是，當你一點一滴慢慢剷除這些障礙的時候，你就會發現：你已經不再是自己最大的敵人，而是你最好的朋友。

走他人的成功之路

因為一個人的成功還受很多因素的影響，如個人條件、努力的程度和機運等，並不是套用別人的成功模式就一定可以成功，但至少別人的成功模式可以給你提供一種選擇和借鏡，為你指引一個方向。

每個人的成功之路都不一樣，有長有短，有曲有直。比如說，有的人成功是因爲背後有個靠山，有的人是因爲娶了一個能幹的老婆，有的人是因爲有貴人相助，但也有人是從基層一步一步地靠自己苦幹實幹地爬上來……。

面對自己的現實，遙望未來之路，你是否在成功之路上無以邁步、迷惑不解？當你陷入這種境界時，不妨看看周圍的那些人，他們是如何邁向成功之道的？或者學習一下那些偉人，從他們身上能得到哪些啓示？研究一下他人的成功模式，然後看看自己是否能夠借用。順著他人走出來的路去走，畢竟比自己獨闢蹊徑要容易得多。

也許你會問，套用別人的成功模式就能成功嗎？如果這樣，那成功不是太容易了嗎？每個人都等著他人成功，然後在背後等著去學不就可以了嗎？當然，事實並非如此簡單，因爲一個人的成功還受很多因素的影響，像是個人條件、努力的程度和機運等，並不是套用別人的成功模式，就一定可以成功，但至少別人的成功模式可以給你提供一種選擇和借鏡，爲你指引一個方向，這比你茫然無緒、不知何去何從要好得多！

生活中的成功人士如此之多，那麼，到底如何作出選擇呢？

我們怎樣才能找到他人的成功模式呢？

首先，你要確定一位你認爲成功的目標人物，這位目標人物也許是你的朋友、親戚、長輩、同事，也許是有名望的社會人士，或者是傳記裡的成功人物。你可以向他們請教他們的成功之道。一般來說，很多人都好談成功而忌談失敗，所以他們會不吝惜地告訴你他們成功的經驗，至於社會人士的成功之道，則可以從電視、報章雜誌上得知，傳記人物的故事在書中也講得很清楚。

別人的成功模式可套用在你自己身上，但有幾種「模式」你必須排除，絕對不可「套用」。

(1)因機運而成功的人。他有機運，但你卻不一定也有那麼好的機運；而且機運是不可等待的，坐等機運，絕無成功的可能。

(2)因家族背景而成功的人。例如對方有一位「偉大」的父親或龐大的產業。這種人取得成功比一般人省力許多，你若無此條件，則這種人的成功是不值得學習的。

(3)因配偶的才幹或金錢而成功的人。因爲你不一定也能有個能幹或有錢的配偶，這種配偶是只能想而不能期待的！

(4)因某人提拔而成功的人。因爲你不一定也會碰到願意提拔你的人。

(5)因不走正道而成功的人。不走正道危險性很高，這種險不能冒，也不值得冒。

那麼，你該選用什麼樣的「成功模式」呢？應該選擇靠自己努力而成功的「成功模式」，而且這個人最好是和你同行，所處的環境、個人條件和你接近！你可以從以下幾個方面來歸納他人的成功模式：

(1)他是如何踏出第一步、第二步、第三步的？

(2)他是如何累積自己的實力的？

(3)他如何突破困局，超越自己？

(4)他如何保持自己的人際關係？

(5)他如何規劃自己一生的事業？

當你一條條地歸納之後，可以照著去做，也可以只借鑒其中的某些方法，或是根據他的模式，來正確引導你的成功之路。

不過，「成功模式」再好，關鍵還在於一點：實施！你若不當一回事，則這種模式就不能發揮效用。歸納他人的成功模式，你會發現其中的規則，他們大都是靠著「努力」二字，肯努力，就會有實力！有實力就會帶來好機運，不信你就試試！

堅持不懈才能得到最大成功

人生乃是長期在考驗我們的毅力，唯有那些能夠堅持不懈的人，才能得到最大的獎賞。毅力到此地步可以移山，也可以填海，更可以從芸芸眾生中找出成功的人。

強尼．卡許早有一個夢想——當一名歌手。從軍後，他買到了自己有生以來第一把吉他。他開始自學彈吉他，並練習唱歌，他甚至自己創作了一些歌曲。服役期滿後，他開始努力工作，以實現當一名歌手的夙願，不過他沒能馬上成功，沒人請他唱歌，就連電臺唱片音樂節目廣播員的職位，也沒他的份。

他只得靠挨家挨戶推銷各種生活用品維持生計，不過他還是堅持練唱。他組織了一個小型的歌唱小組，在各個教堂、小鎮上巡迴演出，爲歌迷們演唱。最後，他灌錄的一張唱片，奠定了他音樂工作的基礎。他吸引了兩萬名以上的歌迷，贏得了金錢和榮譽。在全國電視螢幕上露面——所有這一切都屬於他了。他對自己堅信不疑，這使他獲得了成功。

然而，卡許又接著經受了第二次考驗。經過幾年的巡迴演出，他被那些狂熱的歌迷沖昏頭了，晚上須服安眠藥才能入睡，白天就需要吃些「興奮劑」來維持第二天的精神狀態。並且開始沾染上一些惡習——酗酒、服用催眠鎮靜藥和刺激興奮性藥物。他的惡習日漸嚴重，以致對自己失去了控制能力。他不是出現在舞臺上，而是有更多機會出現在監獄裡了。到了一九六七年，他每天須吃一百多片藥片。

一天早晨，當他從喬治亞州的一所監獄刑滿出獄時，一位行政司法長官對他說：「我今天要把你的錢和麻醉藥都還給你，因爲你比別人更明白，你能充分自由地選擇自己想做的事。看，這就是你的錢和藥片，你現在就把這些藥片扔掉吧，否則，你就去麻醉自己，毀滅自己，你選擇吧！」

卡許選擇了生活。他又一次對自己的能力作了肯定，深信自己能再次成功。他回到家鄉，並且去找他的私人醫生。

醫生不太相信，認爲他很難改掉嗑麻醉藥物的壞毛病，醫生告訴他：「戒毒癮比找上帝還難。」

卡許並沒有被醫生的話嚇倒，他知道「上帝」就在他心中，他決心「找到上帝」，儘管這在別人看來幾乎不可能。他開始了他的第二次奮鬥。他把自己鎖在臥室，閉門不出，一心一意就是要根絕毒癮，爲此他忍受了巨大的痛苦，經常做惡夢。後來在回憶這段往事時，他說，他總是昏昏沉沉，好像身體裡有許多玻璃球在膨脹，突然一聲爆響，只覺得全身佈滿了玻璃碎片。當時擺在他面前的，一邊是麻醉藥物的引誘，另一邊是他奮鬥目標的召喚，結果他的信念占了上風。九個星期以後，他又恢復到原來的樣子了，睡覺不再做惡夢。他努力實現自己的計畫。幾個月後，他重返舞臺，再次引吭高歌。他不停息地奮鬥，終於又一次成爲超級巨星。

第五輯

CHAPTER 5

好習慣，好運到

思想決定行動，行動決定習慣，習慣決定品德，品德決定命運。習慣對我們的生活有絕大的影響，因爲它是一貫的。

切忌讓壞習慣纏身

要革除因循苟且、缺乏耐心、吹毛求疵、自私自利等不良習性，缺乏意志力，不能大刀闊斧的改革，便難以畢全功。

爲了擁有圓滿的人生，必須養成良好的習慣。亞里斯多德說：「人的行爲總是一再重複。因此，卓越的不是單一的舉動，而是習慣。」

人的品德基本上是由習慣組成的。俗諺說：「思想決定行動，行動決定習慣，習慣決定品德，品德決定命運。」習慣對我們的生活有重大的影響，因爲它是一貫的。在不知不覺中，經年累月影響著我們的品德，暴露出我們的本性，左右著我們的成敗。

著名教育家曼恩（Horace Mann）曾說：「**習慣就彷彿是一條纜繩，我們每日為它纏上一股新索，不要多久就會變得牢不可破。**」

這句話的後半段我不敢苟同，我相信習慣可以養成，也可以打破。只是絕非一蹴而就，而是需要長期的努力及無比的毅力。

太空人搭乘阿波羅十一號太空船，首次登陸月球的那一刻，的確令人歎爲觀止。但太空人得先擺脫地球強大的引力，才能飛往月球。因此在剛發射的幾分鐘，也就是整個任務一開始的幾里之內，是最艱難的時刻，所費的力量往往超越往後的幾十萬里。

習慣也是一樣，它具有極大的引力，只是許多人不加注意或不肯承認罷了。要革除因循苟且、缺乏耐心、吹毛求疵、自私自利等不良習性，缺乏意志力，不能大刀闊斧的改革，便難以畢全功。**「起飛」需要極大的努力，然而一旦脫離重力的牽絆，我們便可享受前所未有的自由。**

習慣的引力就如同自然界所有的力量一般，可以為我們所用，也可能危害我們。不過，習性或許一時有礙於達成目標，但也有積極的一面。宇宙萬物各循軌道運行，彼此保持一定的秩序，畢竟也都拜引力之賜。所以，只要我們善於應用習慣的龐大引力，就能使生活有重心、有秩序、有效率。

改變習慣的過程可能很不好受，畢竟，習以為常的事務比較能帶給人安全感。但為追求一生的幸福與成功，暫時犧牲眼前的安適或近利，也是值得的。經過一番努力與犧牲所換來的果實，將更為甜美。

好習慣一旦養成，你將終身受益。

集中注意力，可使你更快速培養出一種習慣，如果你能把習慣印在潛意識裡的話，它就會變成你所做的任何事情的一部分。

一位在電子裝配廠上下午班的婦女，在六點和十點半各有一次十分鐘的休息時間。她的大多數同事都利用這個時間抽菸，但是她爲了不染上這個壞習慣，只在這兩次休息時間裡吃一些小點心，她所吃的都是自家菜園裡所種的胡蘿蔔、蘋果或其他東西。

她能配合工廠的作息時間，就表示她已具備適應性了，這是每個人都有的天性，她每天都準時在六點和十點半吃一些小點心，就表示她已在進行一定的反覆行爲了。

她的飲食強度受到她饑餓程度的影響，如果她很餓時，就會多吃一點，有的時候她在上班前並沒有吃東西，這使得她在休息時間吃得更多，但是，無論她饑餓的程度如何，她都會吃一些點心。幾個月之後，她發現無論她在上班時吃了什麼東西，在休息之前她都會覺得餓，而且，當她的菜園裡沒有什麼東西可摘時，她也會在上班時帶一些家裡的其他食物。

雖然這是她自願培養出來的習慣，但卻不是一種好習慣。她發現她的體重不斷上升，而且因爲她在休息前，常常看著時鐘等著休息時間的到來，所以久而久之，在休息前半小時她便已無法專心工作了。

她決定改掉這個習慣，但這並不容易，因爲雖然她不再帶食物上班，但是她仍然可在工廠的販賣櫃中買到食物。這不但使她無法停止吃東西，而且使她花更多的錢在買零食上。

此時她眞的必須控制她的思想了，於是她便訂定一個明確的目標，以便改掉她的壞習慣。她決定以閱讀來取代吃點心，當然，閱讀的反覆頻繁性和以前吃點心的情形是一樣的，只是強度不同罷了。在剛開始時，她仍然有想吃東西的強烈欲望，但是久而久之，她的閱讀習慣勝過她的生理欲望。她已經培養出一種新的習慣，並取代原有的習慣。

任何無價值、多餘且有害的習慣都可被打破，並且以另一更強烈的欲望取代，整個成功學的核心就在於這個概念。宇宙習慣力量是使十七項成功原則融入你生活中的方法，控制你的思想，以自律為方法保持思想的積極狀態，並且整理你的內心土壤，使它得以藉著反覆行爲和強烈的印象，栽培出有價值的計畫、目標或欲望。這些計畫、目標和欲望會發芽、生長，找到表達的機會，並進而帶給你一生中希望得到的任何東西。

不要整天問別人對你的看法

不論你的主觀意願如何，反對意見總是難免的。

環顧我們生活的周圍世界，我們會十分明顯地感到一點，要想使每個人都對自己滿意，這是十分困難而且不大可能的。實際上，如果有50%的人對你感到滿意，這就算一件令人愉悅的事情了。

要知道，在你周圍，至少有一半的人會對你說的一半以上的話提出不同意見。只要看看西方的政治競選就夠了：即使獲勝者的選票占壓倒多數，但也還有大約40%的人投了反對票。因此，對一般的常人來講，不管你何時提出什麼意見，有50%的人可能提出反對意見，這是一件十分正常的事情。

當你認識到這一點之後，你就可以從另一個角度來看待他人的反對意見了。當別人對你的話提出異議時，你也不會再因此而感到情緒消沉，或者爲了贏得他人的贊同，而即刻改變自己的觀點。相反地，你會意識到自己剛巧碰到了屬於與你意見不一致的50%

中的一個人。只要認識到你的每一種情感、每一個觀點、每一句話或每一件事，總會遇到反對意見，那麼你就可以擺脫情緒低落的困擾。

當我們做事之前已經料想到某種後果，一旦出現這種情況時，你就不會出現很大的情緒波動，或者措手不及。因此，如果你知道會有人反對你的意見，你就不會自尋煩惱，同時也就不會再將別人對你的某種觀點或某種情感的否定，視爲對你整個人的否定。

無論你的主觀意願如何，反對意見總是在所難免的。你的每一個觀點，都會有與之不同甚至完全對立的意見。關於這一問題，美國總統林肯在白宮的一次談話中曾說過：「……如果要我讀一遍針對我的各種指責，……更不用說逐一作出相應的辯解，那我還不如辭職算了。我在憑藉自己的知識和能力而盡力工作，而且將始終不渝。如果事實證明我是正確的，那些反對意見就會不攻自破；如果事實最後證明我是錯的，那麼即使有十個天使發誓說我是正確的，也將無濟於事。」

當你遇到反對意見時，你可以發展新的思想，提高自我價值（這是你可以採用的最有效的辦法）。除此之外，爲了衝破尋求贊許心理的束縛，你可以試做以下幾件具體的事情：

第一，在答覆反對意見時，以「你」字開頭。例如，你注意到爸爸不同意你的觀點，並且開始生氣了。不要立即改變自己的觀點，也不要爲自己辯解，僅僅回答說：「你認爲我的觀點不對，所以你有些惱火。」

這樣將有助於你認識到，表示不贊同的是他，而不是你。在任何時候都可以用「你」字的辦法，只要運用得當，會取得意想不到的效果。在講話時，你一定要克制以「我」字開頭的習慣做法，因爲那樣會將自己置於被動辯解的地位，或者會修正自己剛剛說過的話，以求爲他人所接受。

第二，如果你認爲某個人企圖透過不贊許來支配你的思想，不要爲了求得他的贊許便含糊其辭，言不由衷，應該直截了當地向他大聲說：「通常我會改變觀點，你要是不同意，那只有隨你的便了。」或者可以說：「我猜你是想讓我改變我剛才所說的話」。提出自己的看法，這一行動本身有助於你控制自己的思想和行爲。

第三，別人如果提出有利於你發表的意見，儘管你可能不大欣賞，也還是應該表示感謝。表示感謝，便消除了任何尋求贊許的因素。例如，妳丈夫說妳太害羞，他不喜歡妳這樣。不要因此就努力透過行動而使他滿意，只要謝謝他給妳指出這一問題便足夠了。這樣一來，就不存在尋求贊許的問題了。

第四，你可以主動尋求反對意見，同時努力使自己不因此而煩惱。選擇一個肯定會提出不同意見的人，正視他的反對意見，沉著而冷靜地堅持自己的觀點。你將逐漸學會不因反對意見而感到煩惱，並且不輕易改變自己的觀點。你可以對自己說，你早已預料到了這種「對立」，他完全可以有他自己的看法，這與你實在沒有任何關係。透過尋求、而不是迴避反對意見，你將逐步掌握有效對付反對意見的各種方法。

第五，你可以逐步學會不理睬反對意見，根本不要理會那些企圖透過指責來支配你的人。

別老是悶悶不樂

我們不因為能抑制欲望而感到快樂，相反地，我們是因為快樂而快樂。

自然而不做作，養成快樂的習慣，這對每一個想要成功的人來說，都是至關重要的。快樂對心靈與肉體有不可分的關係。快樂時，我們能想得更好、做得更佳、感覺更舒服、身體更健康，甚至身體的感官更敏銳。

我們對於快樂的看法，似乎是本末倒置了。我們說：「好好地做，你就會快樂」、「如果我成功、健康，我就會快樂」或「對別人仁慈，你就會快樂」。但是，更接近事實的說法應該是：「你快樂時，就可以好好地做，可以更加成功、健康，可以對別人更加仁慈。」

「快樂不是賺來的東西，也不是應得的報酬。快樂不是道德的產品。快樂只是我們思想愉悅時候的一種心理狀態。」

如果你一直要等到有「值得」愉悅的思想時，你很可能永遠得不到快樂。快樂不是美德的報酬，它本身就是一種美德；我們不因爲能抑制欲望而感到快樂，相反地，我們是因爲快樂而快樂，因而我們能克服欲望。

很多人畏縮不敢追求快樂，因爲他們覺得那是「自私的」、「錯誤的」。不自私確實能走向快樂之路，因爲它不僅讓我們的心思，遠離了以自我爲中心、犯錯、罪惡、困擾與自傲；同時還能使我們能表達自己、並完成幫助別人的善舉。**人類最愉悅的思想，是被人需要的想法，是能幫助他人得到快樂的想法**。然而，我們如果認爲快樂是道德的問題，把它當成是因不自私而得到的報酬時，我們往往會因爲缺乏快樂而感到罪惡。

快樂是起於不自私的行爲，它是一種行爲的自然伴隨物，不是薪餉。如果我們因不自私而得到報酬，那麼下一個邏輯的推理是：如果我們使自己更自我犧牲、更窮困，我們就會更快樂。這個前提所得到的荒謬結論是：快樂之門就是憂愁。

任何的道德，都是源自快樂，而不是因爲不快樂。不快樂的態度不僅痛苦，而且卑下醜惡。有什麼東西比憔悴、淌淚的心情（不管外在疾病是什麼）更加卑下無價值？有什麼東西比用不快樂的態度傷害他人更甚？有什麼東西比用不快樂的心情解決問題更加無助？只是產生困擾而已！只是徒然增加不利的情況而已！

我們不是正在生存，而是希望生存，並且盼望永遠快樂，但這都是永遠不可能的事實。**不快樂的人最普遍的原因，是他們企圖按照受阻的計畫生活。目前他們不是在生活，也不是在享受人生，他們是在等待將來發生的事情**。他們以為他們結婚以後、找到好職業以後、買下房子以後、孩子們完成大學教育以後、某項事業成功之後、贏得勝利之後，他們將會更快樂，但無可避免的，他們失望了。

快樂是一種心理的習慣，是一種心理的態度，目前不練習這個習慣，不培養這個態度，將來就永遠不會體驗到。快樂不是在解決外在問題的條件下而產生的。一個問題解決了，另外一個問題又會接踵而至，生活就是一連串的問題。如果要快樂，現在必須快樂起來，不要「有條件」地快樂。

人只要心裡決定快樂，那麼大多數人都能如願以償。

快樂純粹是內發的，它的產生不是由於事物，而是由於不受環境拘束的個人舉止所產生的觀念、思想與態度。

除了聖人之外，沒有人能隨時感到快樂。作家蕭伯納曾說道：「**如果我們感到可憐，很可能會一直感到可憐。**」對於日常生活中，使我們不快樂的那些眾多瑣事與環境，我們可以透過思考使我們感到快樂，這就是：大部分時間想著愉悅的思想。對於煩惱、小挫折，我們很可能習慣性地反應出暴躁、不滿、懊悔與不安，這樣的反應我們已經「練習」了很久，所以成了一種習慣。

這種不快反應的產生，大部分是由於我們把它解釋爲「對自尊的打擊」等原因；例如：司機沒有必要衝著我們按喇叭；我們講話時，某位人士沒注意聽，甚至插嘴打斷我們；認爲某人願意幫助我們而事實竟不然。甚至個人對於事情的解釋結果，也會傷了我們的自尊；例如：我們要搭的公共汽車竟然遲開；我們計畫出遊，居然下起雨來；我們急著趕搭飛機，竟然交通阻塞。對於這樣的結果，我們的反應是生氣、懊悔、自憐，換句話說是——悶悶不樂。

讓外在的事情任意支配你的感覺與反應，你就像是被馴服的奴隸一般，當事情或環境發信號給你——「生氣」、「不舒服」、「感覺不快樂」，你就迅速地聽從命令。

學習快樂的習慣，你就可以成為情緒的主人而不成為奴隸，快樂的習慣可使一個人不受外在情況的支配。

遇到悲哀的情景與逆境，只要我們不在不幸的事件上再加入自憐、懊悔與不順的情緒，我們縱使不會感到完全快樂，也常能多少感覺到一些快樂。

不要眉毛鬍子一把抓

懂得生活的人，都是明白輕重緩急的道理的，他們在處理事情之前，總是會好好安排自己的時間。

許多人在處理我們日常生活的各方面時，分不清哪個更重要，哪個更緊急。這些人以為每個任務都是一樣的，只要時間被忙忙碌碌地打發掉，他們就從心眼裡高興。他們只願意去做能使他們高興的事情，不管這件事情是否重要或是否緊急。

實際上，懂得生活的人都是明白輕重緩急的道理的，他們在處理一年、一個月或一天的事情之前，總是會好好安排自己的時間。

1. 把重要事情擺在第一位。

商業及電腦鉅子羅斯．佩羅說：「凡是優秀的、值得稱道的東西，每時每刻都處在刀刃上，要不斷努力，才能保持刀刃的鋒利。」

羅斯體認到，人們確定了事情的重要性之後，不等於事情會自動辦好。你或許要花大力氣，才能把這些重要的事情做好。而始終要把它們擺在第一位，你肯定要費很大的勁。下面是有助於你做到這一點的「三步計劃」：

(1)估價。首先，你要用上面所提到的目標、需要、回報和滿足感四原則，對將要做的事情作一個估價。

(2)去除。第二步是去除你不必要做的事，把要做但不一定要你做的事委託別人去做。

(3)估計。記下你爲了達到目標必須做的事，包括完成任務需要多長時間，誰可以幫助你完成任務等資料。

2.用心確定主次

在確定每一年或每一天該做什麼之前，你必須對自己應該如何利用時間有更全面的看法。要做到這一點，你要問自己四個問題：

(1)我從哪裡來，要到哪裡去？我們每一個人來到這個世界上，都肩負著一個沉重的責任。可能再過二十年，我們每個人都有可能成爲公司的高層、大企業家、大科學家。所以，我們要解決的第一個問題就是：我們要明白自己將來要做什麼？只有這樣，我們才能持之以恆地朝這個目標不斷努力，把一切和自己無關的事情統統摒棄。

(2)我需要做什麼？要分清緩急，還應弄清自己需要做什麼。總會有些任務是你非做不可的。重要的是，你必須分清某個任務是否一定要做，或是否一定要由你去做。這兩種情況是不同的。非做不可，但並非一定要你親自做的事情，你可以委派別人去做，自己只負責監督其完成。

(3)什麼能給我最高回報？人們應該把時間和精力，集中在能給自己最高回報的事情上，即他們會比別人做得出色的事情上。在這方面，讓我們用「80／20法則」來引導自己：人們應該用80％的時間，做能帶來最高回報的事情，而用20％的時間做其他事情，這樣使用時間是最具效率的。

(4)什麼能給我最大的滿足感？有些人認爲，能帶來最高回報的事情，就一定能給自己最大的滿足感。但事情並非這樣。無論你地位如何，你總需要把部分時間，用於做能帶給你滿足感和快樂的事情上。這樣你會始終保持生活熱情，因爲你的生活是有趣的。

3.根據輕重緩急開始行動

在確定了應該做哪幾件事之後，你必須按輕重緩急開始行動。大部分人是根據事情的緊迫感，而不是事情的重要程度來安排先後順序的。這些人的做法是被動的而不是主動的。懂得生活的人不能這樣，他應該按重要程度開展工作。以下是兩個建議：

第一，每天開始都有一張優先表。伯利恆鋼鐵公司總裁舒瓦普，曾會見效率專家艾維。艾維說可以在十分鐘內給舒瓦普一樣東西，這東西能使他的公司的業績提高至少50％。然後他遞給舒瓦普一張空白紙，說：「在這張紙上寫下你明天要做的六件最重要的事。」過了一會兒又說：「現在用數字標明，每件事情對於你和你的公司的重要性次序。」

五分鐘後，艾維接著說：「現在把這張紙放進口袋。明天早上第一件事是把紙條拿出來，做第一項。不要看其他的，只看第一項。著手辦第一件事，直至完成爲止。然後用同樣方法對待第二項、第三項……，直到你下班爲止。如果你只做完第一件事，那不要緊，因爲你總是做著最重要的事情。」

然後艾維又說：「每一天都要這樣做。你對這種方法的價值深信不疑之後，要求公司的人也這樣做。這個試驗你愛做多久就做多久，然後給我寄支票來，你認爲值多少就給我多少。」

整個會見歷時不到半個鐘頭。幾個星期之後，舒瓦普給艾維寄去一張二十五萬元的支票，還有一封信。信上說從錢的觀點看，那是他一生中最有價值的一課。

五年之後，這個當年不爲人知的小鋼鐵廠，一躍而成爲世界上最大的獨立鋼鐵廠，而其中，艾維提出的方法功不可沒。

第二，把事情按先後順序寫下來，定出進度表。把一天的時間安排好，這對於你是否能成就大事是重要關鍵。這樣你可以每時每刻，集中精力處理要做的事。當然，把一週、一個月、一年的時間安排好，也是同樣重要的。這樣做給你一個整體方向，使你看到自己的宏圖，進而有助於你達到目的。

不擋別人的財路

與其擋對方財路，不如自己另闢財路，因為一引起爭奪，可能你什麼也沒得到！如果沒有其他財路，那不如共用利益，這是可以用談判協商辦到的

絕大多數人都是爲了錢而工作，這無可非議，因爲每個人的生活都需要錢，沒有錢便無法生存！就算生活已經無憂，錢還是人人喜愛的東西，這是人類最基本的欲望之一，所以，擋人財路是一件很嚴重的事情。

所謂「擋人財路」，就是阻擋別人賺錢、獲取利益的機會。

一般來說，擋人財路的行爲大致有以下幾種：

一爲爭奪。當資源有限時，如果你拿多了，我就拿少了，你全部拿了，我便沒有了。爲了保障自己的利益，有些人便用各種方法去爭奪對方的機會。

二爲嫉妒。純粹是嫉妒，看你拿得多，或是我雖然也拿得不少，但你拿得比我更多，於是我就起了嫉妒心，讓你什麼也拿不到，或拿得少。

三爲貪欲。沒有什麼原因，只因認爲自己拿得不夠多，便擋住對方財路，看能不能

將之據爲己有。

四爲報復。某人和我有怨，逮到機會便擋他財路，雖然自己也得不到，但卻滿足了報復的快感。

五爲正義。看到某人以不法手段獲取利益，便起而揭發。

擋人財路的原因和手段有很多，但後果都只有一個——引起對方的懷恨！有的人會立即做出反撲，有的人則「君子報仇，十年不晚」，而你和對方也因此有了嫌隙。當然，如果對方不知是你所爲，則另當別論。

所以，在社會上行走，最好不要擋人財路。別人有機會升官加薪，不管你心裡的感受如何，最好不要去從中作梗，你若因爲報復、嫉妒而擋人財路，這事遲早會曝光的；別人在外兼差，只要不影響你，你何不「就像沒看到」。別人津貼拿得多，又不合理，如果不影響你的利益，你又何必去抗議？

抗議成功，沒人會感謝你，而你卻得罪了一個人。那麼，爲了自己的利益而擋對方財路總可以吧？其實也不好。與其擋對方財路，不如自己另闢財路，因爲一引起爭奪，可能你什麼也沒得到！如果沒有其他財路，那不如共用利益，這是可以用談判協商辦到的。

那麼，基於正義，一個人能不能擋人財路？

當然，對於利用非法手段賺取不義之財者，還是應當運用恰當的方法，尤其是法律武器，以維護國家和公眾利益。

不要坐享其成

只有懶惰之徒，才會覺得工作是件該詛咒的事情。

一位詩人說過，**神明在通往幸福天堂的道路上，設置了很多需要辛勤勞動才能克服的障礙**。可以確信無疑的是，無論是在物質上還是在精神上，透過自己辛勤工作獲得的麵包，吃起來肯定比被人恩賜的麵包更加感覺香甜可口。透過工作，人們征服了大自然，使人類擺脫了野蠻狀態；沒有工作，文明的每一個腳步都邁不開。工作不僅是一種必要和一種義務，也是一種幸福。

當我們降臨到這個世界以後，工作的義務就寫在我們的胳膊和肌肉上了，就成了我們的手。神經和大腦協同活動的工作原理——在這個原理的指導下，那些健康的行為給我們帶來滿足和愉快。

勤勞就是財富。誰能珍惜點滴時間，就像一顆顆種子不斷地從大地吸取營養那樣，惜分惜秒，點滴累積，誰就能成就大業、鑄造輝煌。

人生的許多偉大業績，都是透過一些很平凡的人們，經過不斷努力而取得的。周而復始的日常生活，儘管有種種牽掛、困境和應盡的職責、義務，但它仍能使人們獲得種種最美好的人生經驗。對那些執著地開闢新路的人而言，生活總會給他提供足夠的努力機會，和不斷進步的空間。人類的幸福，就在於沿著已有的道路不斷開拓進取，永不停息。那些最能持之以恆、忘我工作的人，往往是最成功的。

人們總是責怪命運的盲目性，其實，命運本身不如人那麼具有盲目性。瞭解實際生活的人都知道：天道酬勤，命運掌握在那些勤勤懇懇地工作的人手中，就正如優秀的航海家駕馭大風大浪一樣。對人類歷史的稍加研究，就可發現：在成就一番偉業的過程中，一些最普通的品格，如公共意識、注意力、專心致志、持之以恆等等，往往具有很大的作用。即使是蓋世天才，也不能小視這些品質的巨大作用，一般人的就更不用說了。

事實上，正是那些眞正偉大的人物相信常人的智慧與毅力的作用，而不相信什麼天才。甚至有人把天才定義爲公共意識昇華的結果。一位大學的校長認爲，天才就是不斷努力的能力。約翰・弗斯特認爲，天才就是點燃自己的智慧之火；波思認爲，「天才就是耐心」。

牛頓毫無疑問是世界一流的科學家。當有人問他到底是透過什麼方法，得到這些非同一般的發現時，他誠實地回答道：「總是思考著它們。」還有一次，牛頓這樣表述他的研究方法：「我總是把研究的課題置於心頭，反覆思考，慢慢地，起初的點點星光，終於一點一點地變成了陽光一片。」

正如其他有成就的人一樣，牛頓也是靠勤奮、專心致志和持之以恆來取得成功的，他的盛名也是這樣得來的。放下手頭的這一課題而從事另一課題的研究，這就是他的娛樂和休息。

牛頓曾對班特利先生說過：「如果說我對公眾有什麼貢獻的話，這要歸功於勤奮和善於思考。」

另一位偉大的哲學家開普勒也這樣說過：「正如古人所謂『學而不思則罔』，對此我深有同感。只有對所學的東西善於思考，才能逐步深入。對於我所研究的課題，我總是窮根究柢，想出個所以然來。」

純粹靠勤奮和毅力能產生令人驚訝的成果，這令許多傑出的人物都懷疑眞正的天才的存在。天才比人們通常認爲的要稀少得多。

法國著名作家伏爾泰認爲，天才與普通人之間只有很細小的區別。貝克萊認爲，每一個人都可能成爲詩人和雄辯家。洛克、海爾特斯和狄德羅認爲，所有的人都具有相同的天賦。一些人在從事的範圍內，只在善於掌握和運用一些理智運行的基本規則，這樣就能超乎一般，即成爲所謂的天才。但即使我們完全相信勤奮和努力能創造奇蹟，也完全承認那些取得傑出成就的人也是意志堅強、不屈不撓的人，但很顯然地，如果沒有驚人的天賦的話，不論你如何遵循理智和思維運行的規律，也不可能成爲莎士比亞、牛頓或貝多芬之類的出色人物。

當斷不斷，反受其亂

處在混亂中時，必須果斷地做出自己的選擇，優柔寡斷和謹小慎微，只能錯失良機。

所謂當機立斷，就是確定目標，不要猶豫不決。歌德曾經說過，遲疑不決的人，永遠找不到最好的答案，因爲機遇會在你猶豫的片刻消失。

有一個獵人在森林裡設置了獸夾，第二天，他發現上面只夾了一條血淋淋的腿。原來一隻野獸被夾到之後，自知無法掙脫，爲了保全生命，竟一口咬斷自己的腿以求逃脫。

這個故事看起來是殘酷可怕的事，其實在我們的生活中，也常有類似的情況。比如被毒蛇咬了，需用刀把傷口深深地切成十字，再將毒液吸出來；四肢有嚴重的病況，常常得整個鋸掉，以免病毒蔓延。如果在緊要關頭遲疑不決、不忍下手，反倒會失去生命。

犧牲小我，完成大我；忍一己之痛，成千秋偉業。權衡得失，當機立斷，大到國家，小到個人，都是必要的。

行動果斷、理想遠大的人，可以戰勝一切困難，取得事業輝煌。而對於膽小和遲疑的人而言，困難是令人恐懼的，越是遲疑，困難就會越強大。

一九九七年，北京一所國內一流醫科大學的二十四歲男學生，因戀愛不成，造成一死一傷的慘劇，被判處死刑。男學生與被其殺害的前女友是同班同學，兩人於一九九五年春天開始談戀愛，半年後開始常為一些無謂的小事爭吵，女友幾次想分手，皆因男學生糾纏而繼續維持關係。一九九六年底，女友與男學生打招呼，就與同學外出，被跟蹤而至的男學生追上來掐住脖子拖到路邊，幸虧被同學及時解救才得以脫險。這一次，在同學和老師的幫助下，男學生終於向學校保證不再糾纏女友。

然而，一九九七年二月的一個清晨，剛剛從那段痛苦的感情中解脫出來的女友，就被男學生殘忍地殺害在實驗室中，聞訊去解救的另一名同學也被他所擊傷。

愛情是美妙的，但當愛情走到了盡頭，當發現對方並非自己理想的愛人時，應該要提出中斷戀愛的要求，切忌優柔寡斷，給對方留有幻想，那是給對方的折磨，也會給自己留下隱患，所謂「當斷不斷，反受其亂」，說的就是這個道理。

有這樣一則寓言：一頭驢在兩朵青草之間徘徊，欲吃一朵青草時，卻發現另一朵青草更嫩更富有營養，於是，驢子來回奔波，沒吃上一根青草，最後餓死了。

驢子餓死，是因爲沒有草嗎？不是，草足夠牠吃飽的，但是牠確確實實餓死了。這是因爲牠把全部的精力花在考慮該吃哪一朶草，而沒有去吃。

也許有人認爲，我們人比驢子聰明多了，不會和驢子犯一樣的錯誤。果眞如此嗎？答案是否定的。

有一個大學生畢業後，他既想找一份好的工作，早點賺錢；又想考研究所繼續深造。他在考研究所和找工作兩者之間徘徊了很久，把自己搞得疲憊不堪，結果既沒找到理想的工作，考研究所也失敗了。後來，他把心思專注於考研究所上，把找工作的事情擺在一邊，才終於考上一所著名大學的研究所。

當我們面對一些難以取捨的問題時，愼重考慮當然是必要的，但是不能猶豫不決。因爲一個人的精力和才智是有限的，猶豫徘徊、患得患失，其結果只會浪費生命。

拿破崙說過：戰爭的藝術，就是在某一點上集中最大優勢兵力；生活的藝術，就是選擇一個進攻的突破點，然後全力以赴。如果我們能在紛繁混亂的目標中，當機立斷，盡快選擇一個目標，並爲實現目標而不懈地奮鬥，成功就離我們不遠了。

別讓失望左右你的生活

倘若生活一旦失去了人所追求、人所渴望的那種希望，那麼促使人去奮鬥，以及為希望而活下去的動力，就會全部告吹。

印度詩人泰戈爾曾說過：「生活並不是一條人工開鑿的運河，不能把河水限制在一些規範好了的河道內。」

的確，現實中不幸的、痛苦的事件總是會有的，我們在人生的路途中，總會遇到多種多樣的失望，比如考試落榜、失戀、工作失敗等等。

一九六三年秋天，作家郭沫若到普陀山游覽，在梵音洞裡拾到一本筆記，打開來一看，扉頁上寫有一聯：「年年失望年年望，處處難尋處處尋」，橫批：「春在哪裡」，翻看下去，裡面還有封遺書，署著當天的日子。

郭沫若看罷叫急，囑隨行的友人即刻尋找失主。眾人四下裡找尋，終於及時找到了那欲尋短之人，原來是一位神色憂鬱、行爲失常的女孩。經過瞭解，女孩因爲考大學三次落榜，愛情又遭受了挫折，才會想不開。郭沫若關心地對她說：「下聯和橫批太消沉了，這不好，我替妳改一改，妳看如何？」

女孩低頭不語，郭沫若吟道：「年年失望年年望，事事難成事事成」橫批：「春在心中」。

這一改，使女孩感佩不已。好一個「春在心中」的教誨，把這位女孩對人生的態度，從頹唐轉化爲進取。

我們似乎總想尋覓一份永恆的快樂與幸福，總希望自己付出的所有眞心眞情，能夠得到別人的理解，能找到一直去珍惜的生活。然而，生活並不總是像我們想像中的那樣一帆風順、所求所遇。那麼，當自己努力被現實擊得粉碎而麻木，失望究竟怎樣會影響到一個人的生活？

佛洛姆對現代西方社會中人們的失望感，做了這樣的描述：「在現代工業社會中，生活再也沒有誘惑力、沒有希望了。倘若生活一旦失去了人所追求、人所渴望的那種希望，那麼促使人去奮鬥，以及爲希望而活下去的動力，就會全部告吹。對某種偉大的、美的和重要的東西的憧憬一旦告吹，人就會像破了的氣球，再也打不起精神繼續活下去。」

面對生活中的種種不幸，有的人由於幾度失望，而陷於深深的痛苦之中，以致採取了「人沒有希望，也沒有痛苦」的消極態度，讓生活沿著「無希望——無失望——無痛苦」的路線過下去。這種人生態度是不可取的，要知道，失望是生活中常有的現象。

有人能較快地克服失望的情緒，有人卻長期為失望的情緒所羈絆。那麼，要怎樣才能克服失望情緒呢？

1. 堅信「失敗乃成功之母」

愛迪生曾經說過：「失敗也是我需要的，它和成功對我一樣有價值。」失敗是一種「強力刺激」，對有志者來說，往往會產生動力。失敗並不總是壞事，也沒有什麼可怕的。面臨失敗，不能失望，而是要找出問題癥結，尋求進取之策，不達目標不罷休。

2. 腳踏實地追求奮鬥目標

如果我們對外語一竅不通，卻期望很快當上外文小說的翻譯家，豈不自尋失望？事情的發展結果往往和你原先的期望不符合，期望越是過高，失望越是沉重，所以，我們應該追求和能力相當的目標，有時候，目標雖然和自己的能力大小相符合，但由於客觀條件的影響，也會招致失望情緒，這時更應注意調整期望值，減少失望情緒。比如工作升遷，或許實際能力已經達到某個職稱，但由於某項職稱的人數比例有限，你沒有升官，這時就要調整內心的期望值，使之與現實相符，這樣便能很快克服失望情緒。

3.應該具有靈活性，不要把期望凝固化

生活中，期望不只是一個點，應該是一條線、一個面，一旦遇到難遂人願的情況，我們就要有思想準備放棄原來的想法，追求新的目標。當然，這不等於「見異思遷」。比如去劇場聽音樂會，你原先以爲自己喜愛的歌手會參加演出，不料他因病不能演出，你當時會感到失望。如果你這時將期望的目光投向其他的歌手，你就會忘卻失望情緒，逐漸沉浸在藝術美的境地中。

4.期望應該具有連續性

有些人的失望，是由於把期望割裂了，以致「畢其功於一役」。當這「一役」難以如願時，就深感失望。

世界上固然有一帆風順的「幸運兒」，而更多的卻是命途多舛、歷盡艱辛的奮鬥者。愛迪生發明燈泡，先後試驗了一萬多次，倘若愛迪生不把發明燈泡這個期望，看成是一個連續的過程，不要說一萬次失敗，只要一百次失敗也足以使他望而生畏、知難而退了。

所以說，要提高克服失望情緒的能力，就要增強自己承受挫折的耐力。

國家圖書館出版品預行編目資料

韜光養晦：寫好人生的腳本 / 王建惇著. -- 初版. --
新北市：華夏出版有限公司, 2024.08
面； 公分. --（Sunny 文庫；333）
ISBN 978-626-7296-95-0（平裝）
1.CST：修身 2.CST：生活指導

192.1 112015735

Sunny 文庫 333
韜光養晦：寫好人生的腳本

著 作 王建惇
出 版 華夏出版有限公司
220 新北市板橋區縣民大道 3 段 93 巷 30 弄 25 號 1 樓
電話：02-32343788 傳真：02-22234544
E-mail：pftwsdom@ms7.hinet.net
印 刷 百通科技股份有限公司
電話：02-86926066 傳真：02-86926016
總 經 銷 貿騰發賣股份有限公司
新北市 235 中和區立德街 136 號 6 樓
電話：02-82275988 傳真：02-82275989
網址：www.namode.com
版 次 2024 年 8 月初版一刷
特 價 新台幣 320 元（缺頁或破損的書，請寄回更換）

ISBN-13： 978-626-7296-95-0